ENZYKLOPÄDIE
DEUTSCHER
GESCHICHTE
BAND 77

ENZYKLOPÄDIE
DEUTSCHER
GESCHICHTE
BAND 77

HERAUSGEGEBEN VON
LOTHAR GALL

IN VERBINDUNG MIT
PETER BLICKLE
ELISABETH FEHRENBACH
JOHANNES FRIED
KLAUS HILDEBRAND
KARL HEINRICH KAUFHOLD
HORST MÖLLER
OTTO GERHARD OEXLE
KLAUS TENFELDE

MILITÄR, STAAT UND GESELLSCHAFT IM 19. JAHRHUNDERT

VON

RALF PRÖVE

R. OLDENBOURG VERLAG
MÜNCHEN 2006

Bibliografische Information der Deutschen Bibliothek

Die Deutsche Bibliothek verzeichnet diese Publikation in der Deutschen Nationalbibliografie; detaillierte bibliografische Daten sind im Internet über <http://dnb.ddb.de> abrufbar.

Rosenheimer Straße 145, D-81671 München
Internet: http://www.oldenbourg.de

Umschlaggestaltung: Dieter Vollendorf
Umschlagabbildung: Ein Leutnant im Regen auf dem Exerzierfeld; Holzstichtafel 1 in: Rudolf v. Uthmann, Lieutenants-Bilder, Berlin (L. Sachse & Co., um 1840).

Gedruckt auf säurefreiem, alterungsbeständigem Papier (chlorfrei gebleicht)
Gesamtherstellung: Oldenbourg Druckerei Vertriebs GmbH & Co. KG, Kirchheim

ISBN-13: 978-3-486-57633-7 (brosch.)
ISBN-10: 3-486-57633-X (brosch.)
ISBN-13: 978-3-486-57634-4 (geb.)
ISBN-10: 3-486-57634-8 (geb.)

Vorwort

Die „Enzyklopädie deutscher Geschichte“ soll für die Benutzer – Fachhistoriker, Studenten, Geschichtslehrer, Vertreter benachbarter Disziplinen und interessierte Laien – ein Arbeitsinstrument sein, mit dessen Hilfe sie sich rasch und zuverlässig über den gegenwärtigen Stand unserer Kenntnisse und der Forschung in den verschiedenen Bereichen der deutschen Geschichte informieren können.

Geschichte wird dabei in einem umfassenden Sinne verstanden: Der Geschichte in der Gesellschaft, der Wirtschaft, des Staates in seinen inneren und äußeren Verhältnissen wird ebenso ein großes Gewicht beigemessen wie der Geschichte der Religion und der Kirche, der Kultur, der Lebenswelten und der Mentalitäten.

Dieses umfassende Verständnis von Geschichte muß immer wieder Prozesse und Tendenzen einbeziehen, die säkularer Natur sind, nationale und einzelstaatliche Grenzen übergreifen. Ihm entspricht eine eher pragmatische Bestimmung des Begriffs „deutsche Geschichte“. Sie orientiert sich sehr bewußt an der jeweiligen zeitgenössischen Auffassung und Definition des Begriffs und sucht ihn von daher zugleich von programmatischen Rückprojektionen zu entlasten, die seine Verwendung in den letzten anderthalb Jahrhunderten immer wieder begleiteten. Was damit an Unschärfen und Problemen, vor allem hinsichtlich des diachronen Vergleichs, verbunden ist, steht in keinem Verhältnis zu den Schwierigkeiten, die sich bei dem Versuch einer zeitübergreifenden Festlegung ergäben, die stets nur mehr oder weniger willkürlicher Art sein könnte. Das heißt freilich nicht, daß der Begriff „deutsche Geschichte“ unreflektiert gebraucht werden kann. Eine der Aufgaben der einzelnen Bände ist es vielmehr, den Bereich der Darstellung auch geographisch jeweils genau zu bestimmen.

Das Gesamtwerk wird am Ende rund hundert Bände umfassen. Sie folgen alle einem gleichen Gliederungsschema und sind mit Blick auf die Konzeption der Reihe und die Bedürfnisse des Benutzers in ihrem Umfang jeweils streng begrenzt. Das zwingt vor allem im darstellenden Teil, der den heutigen Stand unserer Kenntnisse auf knappstem Raum zusammenfaßt – ihm schließen sich die Darlegung und Erörterung der Forschungssituation und eine entsprechend gegliederte Auswahlbibliographie an –, zu starker Konzentration und zur Beschränkung auf die zentralen Vorgänge und Entwicklungen. Besonderes Gewicht ist daneben, unter Betonung des systematischen Zusammenhangs, auf die Abstimmung der einzelnen Bände untereinander, in sachlicher Hinsicht, aber auch im Hinblick auf die übergreifenden Fragestellungen, gelegt worden. Aus dem Gesamtwerk lassen sich so auch immer einzelne, den jeweiligen Benutzer besonders interessierende Serien zusamenstellen. Ungeachtet dessen aber bildet jeder Band eine in sich abgeschlossene Einheit – unter der persönlichen Verantwortung des Autors und in völliger Eigenständigkeit gegenüber den benachbarten und verwandten Bänden, auch was den Zeitpunkt des Erscheinens angeht.

Lothar Gall

Inhalt

Für Heinz, Ute und Inge

Vorwort

Periodisierungen zählen zum hermeneutischen Standardrüstzeug des Historikers. Sie sind nützlich, manchmal notwendig, auf jeden Fall bequem. Sie sollten jedoch kein Dogma sein, nicht bestehende Zusammenhänge ausblenden oder verwischen oder gar zu sehr in die teleologische Falle führen. Das 19. Jahrhundert, dem sich dieser Band widmet, wird zumeist als so genanntes langes 19. Jahrhundert bezeichnet; damit soll eine besondere Homogenität der Jahre zwischen 1789 und 1914 suggeriert werden. Dafür gibt es viele gute Gründe und Motive. Ich möchte dem jedoch ein anderes langes 19. Jahrhundert entgegen halten, das viel stärker die Zeit davor, also die Frühe Neuzeit, insbesondere das 18. Jahrhundert, und weniger die Zeit danach berücksichtigt. Gerade für den Sektor Militär und Krieg gibt es eine Reihe guter Argumente für eine Periodisierung, die etwa die Zeit vom Siebenjährigen Krieg bis zu den ersten Jahrzehnten des Deutschen Kaiserreichs umfasst.

Die thematische Aufbereitung des vorliegenden Buches verlangt eine gewisse Universalität; während viele Bände dieser Reihe ein begrenztes (und begrenzbares) Themenfeld bearbeiten, reicht hier aufgrund der vielfältigen Wechselwirkungen mit nahezu allen anderen Themenfeldern der Geschichtswissenschaft die Spannbreite der zu berücksichtigenden Aspekte von Außenpolitik und Diplomatie, Wirtschaft und Rüstung, Waffentechnik, Taktik und Strategie, militärischen Operationen und Gefechten, Gesellschaft und Alltag, Kultur und Geschlechterbildern bis hin zu Politik, Recht und Verfassung. Ich habe mich bemüht, jeweils die Dimensionen der Zusammenhänge und Wechselwirkungen anzudeuten, wobei die kriegskundlichen, operativen und wehrtechnischen Fragen von mir bewusst vernachlässigt worden sind. So sehr das einzelne Kriegsereignis auch punktuell von Interesse sein mag, so sind es doch die langfristigen Strukturen und Entwicklungen im Frieden, die den Komplex von Militär, Staat und Gesellschaft erhellen. Deshalb sind etwa die einzelnen Kriege und Schlachten nur dann thematisiert worden, wenn von ihnen entscheidende Impulse für den weiteren historischen Verlauf ausgingen.

Dieses Buch ist in guter Kooperation mit seinen beiden Schwesterbänden entstanden; Bernhard R. Kroener, dem ich für viele Hilfe sehr danke, und ich haben uns bemüht, für die passenden Übergänge für die Zeit nach 1890 bzw. vor 1760 zu sorgen.

Ich danke Lothar Gall für das Vertrauen, die Militärgeschichte in dieser renommierten und erfolgreichen Reihe mit drei Bänden aufzunehmen.

Für alle Fehler freilich bin ich selbst verantwortlich.

Widmen möchte ich den Band meinem Vater und meinen Schwestern.

Ralf Pröve

I. Enzyklopädischer Überblick

1. Einleitung

1.1 Allgemeines

Noch immer werden kriegerische und von militärischer Gewalt begleitete Auseinandersetzungen ebenso wie die soziale Großgruppe Militär zu isoliert wahrgenommen und somit ohne die Wechselwirkungen mit Gesellschaft, Wirtschaft, Staat oder Kultur betrachtet. Die Gefahr einer solchen Verengung des Blickwinkels liegt auf der Hand: Primärphänomene wie Krieg, Gewalt und Militär können ohne Einbezug allgemeiner Entwicklungen und Prozesse nicht angemessen verortet werden, Strukturwandlungen etwa in Gesellschaft und Politik wären ohne Berücksichtigung des militärischen Faktors nicht vollständig zu erhellen.

Problematische isolierte Betrachtung von Militär und Krieg

Bereits auf den zweiten Blick wird dem Betrachter deutlich, dass etwa Alltag, Sozialstruktur oder Wirtschaftspraxis eine Trennung beider Bereiche nicht zulassen: Der Offizier empfand sich immer auch als Teil einer allgemeinen gesellschaftlichen Elite, der Soldat verbrachte immer nur einen Ausschnitt seiner Lebens- und Arbeitszeit in Uniform, der Arbeiter in den entstehenden Rüstungsbetrieben war von der Nachfrage des Militärs abhängig, Rekrutierungs- und Beförderungspraxis standen in engem Konnex von Politik und Verfassung, Heeresverfassung und Staatsverfassung bedingten einander.

Militär als integraler Bestandteil der Gesamtgeschichte

Der Betrachtungszeitraum, das so genannte lange 19. Jahrhundert, gilt in der Forschung als „Epoche des Übergangs“, als „zentrale Passage der deutschen Geschichte auf dem Weg von der staatlichen Vielfalt des Alten Reiches zur nationalstaatlich-demokratischen Ordnung des Staates“ (W. Schulze), und wird als Jahrhundert der Transformation, als Säkulum des Fortschritts und der Moderne bewertet. Gerade die revolutionären Doppelprozesse, die industrielle Revolution einerseits, die Umwälzungen in Politik, Verfassung und Gesellschaft andererseits, geraten zum Signum dieser Epoche. Dem Militär kam hier besondere Bedeutung zu. Erstens wirkten diese Prozesse unmittelbar und direkt auf die bewaffnete Macht ein, zweitens versinnbildlichten

Langes 19. Jahrhundert als Säkulum des Übergangs

die Wandlungen des militärischen Apparates die allgemeinen Veränderungen, ja die Reformen des Heeres bildeten geradezu den Kristallisationspunkt, den Ausgangspunkt der fundamentalen Veränderungen der Zeit, drittens war das militärische Instrument selbst Hebel und Motor vieler Wandlungen.

Plädoyer für ein anderes 19. Jahrhundert

Die besondere Binnengliederung im Fach Geschichte, die von der Periodisierung vergangener Epochen bis hin zum Lehrkanon und zur Zuschreibung der Lehrstühle reicht, mündet in eine sektorale Wissenswahrnehmung und Wissensorganisation, in der das 19. Jahrhundert zu einseitig von seinen frühneuzeitlichen Wurzeln gekappt und zu sehr auf die Ereignisse des 20. Jahrhunderts hin ausgerichtet wird. Für viele Autoren steht deshalb weiterhin „am Anfang Napoleon" (T. Nipperdey); sie beginnen ihre Darstellung also mit dem Jahr 1815 oder, seltener, mit dem Jahr 1789 und lassen sie mit dem Kriegsausbruch 1914 enden. Diesem auf den Ausgang hin ausgerichteten, also teleologischen Interpretationsmodell des 19. Jahrhunderts wird in dieser Darstellung eine eindeutige Absage erteilt. Statt dessen wird viel stärker dem Übergangscharakter dieses Jahrhunderts Rechnung getragen; der Betrachtungszeitraum setzt somit bereits im letzten Drittel des 18. Jahrhunderts ein, als im Gefolge des Siebenjährigen Krieges neue Ideen und Reformansätze entstanden, die auf eine Veränderung von Kriegführung und militärischer Organisation hinausliefen. Der Siebenjährige Krieg selbst weist in vielerlei Hinsicht mit seinen weltweiten Kriegsschauplätzen, dem in Ansätzen erkennbaren Willen zur Entscheidungsschlacht und zur Vernichtung des Feindes oder der ethnisch-rassisch gefärbten Diskriminierung des Gegners (etwa der Russen durch die Preußen) auf die kriegerischen Auseinandersetzungen der folgenden Jahrhunderte hin.

Der Betrachtungszeitraum endet bald nach der Reichsgründung 1871, spätestens 1890, als Elektrizität und Chemie eine zweite Industrialisierungswelle einleiteten, die letzten Kriege (Krimkrieg, Amerikanischer Bürgerkrieg oder Deutsch-Französischer Krieg) den maschinell-industriellen und totalen Charakter zukünftiger Auseinandersetzungen andeuteten, der Rücktritt Bismarcks und der beginnende Wilhelminismus neue Grundsätze in Außen- und Kolonialpolitik sowie Flottenrüstung setzten; vor allem aber wandelte sich der Staat: „In den Jahrzehnten vor 1914 wird aus dem liberalen Staat des 19. Jahrhunderts [...] der moderne Staat des 20. Jahrhunderts, der Interventionsstaat, der Staat der Daseinsvorsorge, der Wirtschafts- und Sozialstaat" (Nipperdey, II, 471).

1.2 Ausgangs- und Endpunkt: Entwicklungslinien des langen 19. Jahrhunderts (1763–1890)

Aus der Perspektive des späten 19. Jahrhunderts erschienen Militär und Krieg im Europa bis zum ausgehenden 18. Jahrhundert als begrenzte, artifizielle Phänomene, die Männer in ihren bunten, mit unzähligen verspielten Applikationen versetzten Uniformen als nahezu private, mitunter belächelte personifizierte Leidenschaft der Monarchen und Fürsten.

Wenn sein Anteil an der Gesellschaft im Laufe des 18. Jahrhunderts auch immer größer geworden ist, so hatten doch die meisten Menschen nur wenig Berührungspunkte mit dem Militär gehabt. Viele Männer, die große Mehrheit aus der Mittel- und Oberschicht zumal, wurden nie Soldat. Es gab nur sehr wenig innere Anteilnahme für das Militär, das im Alltag der Straßen und Plätze, der Wirtshäuser und Stadttore zwar ständig präsent war, jedoch eher als obrigkeitliche Polizeimacht wahrgenommen wurde. Überdies galt der Militärdienst trotz aller Imagebemühungen von Fürsten und Generalen nicht unbedingt als ehrenvolle Tätigkeit (die Offizierslaufbahn für den Adel ausgenommen); soweit die Männer nicht sogar gegen ihren Willen gezwungen wurden, hatte der Dienst mit der Waffe vielmehr den Charakter eines zeitlich befristeten Jobs, der den Mann und seine Familie über konjunkturbedingte Engpässe hinweghelfen sollte.

Militär als Teilgesellschaft

Natürlich litt die Bevölkerung in unmittelbarer Nähe kriegerischer Ereignisse, es konnte zu Plünderungen und anderen Übergriffen kommen. Die übergroße Mehrheit jedoch bekam allenfalls über Gerüchte oder öffentliche Verlautbarungen am Rande etwas von den fernen Kampfhandlungen mit. Besetzungen oder sogar der Wechsel der Herrschaft nach einem verlorenen Krieg hatten für die Bevölkerung zumeist wenig Auswirkung; der Alltag veränderte sich deshalb nicht. Truppenaufmärsche und Gefechte konnten mitunter jahrmarktähnliche Züge annehmen: Man zog mit der ganzen Familie in sichere Entfernung vom Geschehen, betrachtete die Gefallenen und nahm sein Picknick in der Nähe inmitten des Pulverdampfs ein.

Trotz aller Feldzüge und Schlachten galt der Krieg als eingehegt, diszipliniert, verrechtlicht. Die Vorstellung von der so genannten gezähmten Bellona bestimmte das politische Handeln der Verantwortlichen gegenüber der unbeteiligten Bevölkerung ohnehin, aber auch gegenüber dem Kriegsgegner. In innereuropäischen Kriegen zählte nicht die physische Vernichtung des Gegners, vielmehr versuchten die Feldherrn, mit geschickten Manövern und Marschbewegungen den Feind

Gezähmte Bellona

zu ermatten, von seiner Nachschubbasis zu trennen und so zum Rückzug zu zwingen – eine offene Feldschlacht wurde als viel zu riskant eingeschätzt. Kriege wurden als alleinige Initiative des Souveräns in Fortführung seiner Kabinettspolitik geführt, in der Regel aus dynastischem Interesse, mit begrenztem Ziel, ohne Zustimmung der Untertanen. Überhaupt wurde die kriegerische Auseinandersetzung nicht als Daseinskampf mit aller Konsequenz, sondern als Kunstform begriffen, die neben taktischen Erfordernissen auch bestimmte ästhetische Ansprüche beinhaltete; ein Waffengang war überdies im Allgemeinen nur im Sommer und bei trockener Witterung möglich.

Multinationalität, Multikonfessionalität

Die Armeen bestanden aus multinationalen und multikonfessionellen Einheiten; es galt das grenzüberschreitende Prinzip der freiwilligen Werbung. Obwohl im öffentlichen Leben stets präsent, bildete die militärische Gesellschaft, also die Männer mit ihren Familienangehörigen, analog zur ständischen Gesellschaftsordnung einen eigenen Stand mit spezifischer Rechtsprechung, bestimmten Regeln und – ähnlich den Gilden und Zünften – einem genossenschaftlich ausgeübten Brauchtum.

Am Ende des Betrachtungszeitraums hatte sich aus der einstigen halbstaatlichen Magazinwirtschaft ein industrieller Rüstungskomplex entwickelt, der nicht nur den enorm gestiegenen Bedarf des Militärs nach Rüstungsgütern deckte, sondern mit neuen Techniken und Erfindungen einen Wettlauf um die effizientesten Waffensysteme initiierte, der den Krieg bald vollständig wandeln sollte. Der integrierende, aber zugleich auch nach *innen* wie nach *außen* ausgrenzende Nationalismus mit seinen ethnischen und bald rassistischen Zügen ließ nur noch national homogene Armeen zu; überdies wurde mit der allgemeinen Wehrpflicht unmittelbar auf alle jungen Männer zurückgegriffen. Durch bald flächendeckend errichtete Kasernenbauten und vor den Toren der Städte gelegene und eingezäunte Exerzier- und Übungsplätze verschwand zwar das Militär aus dem unmittelbaren Straßenbild und aus den früheren Quartieren in den Stuben und Kammern der Bürger und Bauern, zugleich war die bewaffnete Macht über Wehrpflicht und ideologische Aufwertung von Krieg und Militär ungleich präsenter, prägte Leben, Alltag und Denken der Menschen viel intensiver.

Ideologisierung

Aus der früheren Kunst der Kriegführung, aus dem Krieger, der sich als Handwerker verstand, erwuchs ein Kriegsverständnis, das auf den totalen Einsatz sämtlicher der Nation zur Verfügung stehender materieller und personeller Ressourcen basierte und die Vernichtung des Gegners zum Ziel hatte. Der Dienst beim Militär und im Krieg war für viele ein Beruf geworden, für noch mehr freilich galt er als natio-

Vernichtungskrieg

Nationale Ehre

nale Ehre, der man sich nur unter großen Schwierigkeiten und unter Inkaufnahme gravierender sozialer und beruflicher Nachteile zu entziehen vermochte.

Es wird im Folgenden darum gehen, diesen tief greifenden Wandel angemessen zu beschreiben und die vielfältigen Hintergründe und Folgen zu beleuchten.

2. Spätaufklärung und Frühliberalismus: Krieg und Militär (1763–1850)

2.1 Aufklärung und Reform (1763–1820)

Auseinandertreten von Staat und Gesellschaft

Eine der wichtigsten Ursachen für die beschriebene Entwicklung liegt im Auseinandertreten von Staat und Gesellschaft. Politische Ideen aus dem Umfeld zunächst der Spätaufklärung, bald des Frühliberalismus, bewirkten einen anfangs nur von wenigen wahrgenommenen Wandel, der im Verlauf der revolutionären Ereignisse in Frankreich jedoch sehr bald Alltag und Umfeld aller Menschen verändern sollte.

Spätaufklärung

Als die Aufklärung ab der Mitte des 18. Jahrhunderts Philosophie und Lebenshaltung der Gebildeten zunehmend prägte, sollte sie alle Bereiche des sozialen und kulturellen Lebens umfassen. Der Mensch sollte aus seinen Zwängen und seiner (selbstverschuldeten) Unmündigkeit im Sinne eines praktisch gestalteten Daseins befreit werden. Mit diesem Ideal war der Anspruch verbunden, die Fähigkeit und Bestimmung zu besitzen, das Leben nach vernünftigen Grundsätzen zu ordnen: Eine Folge war etwa die Rationalisierung von Verwaltung, Rechtsprechung, Strafvollzug und Kriegführung oder die Ausbildung eines öffentlichen Schulwesens.

Der tief greifende Bewusstseinswandel führte zu einer zunehmend kritischeren Haltung gegenüber den herrschenden sozialen und politischen Verhältnissen. Bereits in den 1760er Jahren begann sich eine politische Öffentlichkeit zu etablieren, die besonders in den 1770er und 1780er Jahren zunehmend staatliche und gesellschaftliche Angelegenheiten diskutierte und kritisierte. Viel grundsätzlicher als bisher wurden die soziale Ordnung und das geburtsständische Prinzip, die soziale Ungleichheit und die Verteilung des Eigentums, die privilegierte Wirtschaftsverfassung der Zünfte und Gilden und schließlich auch die Praxis der Herrschaftsausübung hinterfragt.

Hatte die Aufklärung einen fundamentalen Bewusstseinswandel eingeleitet, und damit die politischen Veränderungen in entscheidender

Frühliberalismus

Weise vorbereitet, so hat der Frühliberalismus die daraus resultierenden Vorstellungen und abgeleiteten Forderungen instrumentalisiert und gegen den adlig-feudalen Obrigkeitsstaat gerichtet.

Hauptziel der Frühliberalen war die Durchsetzung eines repräsentativen Verfassungsstaates; vorherrschendes Ideal war das in geistiger wie materieller Hinsicht frei und selbstverantwortlich handlungsfähige Individuum und auf gesellschaftlicher Ebene die klassenlose, überständische Staatsbürgergesellschaft. Erst die Verfassung trennte den Staatsbürger vom Untertanen, band den Monarchen an den Willen des Volkes. Eng damit verbunden war ein Konglomerat von Grundrechten, die vor allem den Schutz des Einzelnen vor dem willkürlichen Zugriff des Staates garantieren sollten. Zu den zentralen Forderungen gehörten die Trennung von Justiz und Verwaltung, ein parlamentarisches Regierungssystem mit Ministerverantwortlichkeit, der Abbau ständischer Privilegien und Vorrechte, Rechtsstaatlichkeit, ein gleiches Wahlrecht sowie Presse-, Vereins- und Versammlungsfreiheit.

Kritik der Aufklärer am Militär

Dem Militär kam in diesen politischen Prozessen entscheidende Bedeutung zu. Erstens geriet die bewaffnete Macht sehr schnell in das Visier der Reformer, da die ständische Abschottung der Militärgesellschaft mit ihrer eigenen Gerichtsbarkeit, ebenso wie die Bevorzugung Adliger bei der Vergabe von Offizierspatenten oder das Rekrutierungssystem mit seinen strukturell bedingten gewalttätigen und illegalen Begleitumständen und die brutalen Ausbildungs- und Menschenführungspraktiken in zentralen Punkten deren Unwillen hervorrief. Zweitens galt das Militär als Bastion, als hervorstechendster Ausdruck der alten politischen Ordnung, den es als erstes zu reformieren galt. Drittens schließlich bildeten Krieg und Militär einen genuinen Anknüpfungspunkt für die Umsetzung der Zielvorstellungen der Reformer, galt doch das Axiom, dass wer mit der Waffe sein Land verteidigt, gleichzeitig das Recht auf politische Partizipation erlangt.

Volksbewaffnung

Diese Vorstellung, diese unmittelbare Verknüpfung von gesellschaftlich-politischer Ordnung und Militärverfassung, wurde in Frankreich vor allem von Jean-Jacques Rousseau (1712–1778) in den 1760er Jahren entwickelt. Er sah in einer so genannten Volksbewaffnung die einzige Form des Militärdienstes, in der der politisch am Gemeinwesen partizipierende Bürger nicht nur eine selbstverständliche Pflicht, sondern auch eine Ehre sehen sollte. Diese Ehre, dieses Pflichtgefühl, wurde von den Zeitgenossen auch als Patriotismus bezeichnet. In Deutschland hatte Thomas Abbt (1738–1766) während des Siebenjährigen Krieges den „Tod für das Vaterland“ zur besonderen Ehre und Pflicht erklärt und daraus eine „einzige politische Tugend“ gemacht.

Patriotismus

Abbt verband seine Forderung mit einer deutlichen Kritik an der ständischen Gesellschaftsordnung, forderte Patriotismus als Grundhaltung und – zunächst noch implizit – die Volksbewaffnung.

Die Gedanken und kritischen Stimmen der Spätaufklärer fanden ihren spezifischen Widerhall in den Reformansätzen der jüngeren, um die Jahrhundertmitte geborenen Offiziersgeneration, die in den späten 1770er und immer stärker seit den 1780er Jahren mit Denkschriften und Vorschlägen auf zahlreiche Missstände beim Militär hinwiesen. Viele begnügten sich dabei mit technisch-administrativen Detailproblemen, andere kritisierten immerhin wichtige Sektoren wie die Militärjustiz mit ihrer drakonischen Strafpraxis, die rüden Umgangsformen und die unwürdige Behandlung der Untergebenen oder die Beförderungspraxis, die zu wenig das Leistungsprinzip berücksichtigte; nur sehr wenige jedoch wagten ganz grundsätzliche Kritik am Militärsystem. Diese vielen neuen Anregungen und Ideen konnten sich jedoch nur sehr begrenzt durchsetzen, zu stark waren die beharrenden Kräfte in den Reihen der Fürsten und militärischen Eliten, zu deutlich hatte der Glanz der stilbildenden friderizianischen Siege von 1740 bis 1763 die immer länger werdenden Schatten des Reformstaus überdeckt.

Reformansätze vor 1806

Freilich hatten sich für den aufmerksamen Beobachter, auch ohne dass die Probleme im Innern gelöst wurden, Strategie und Taktik längst zu wandeln begonnen. Zwar blieb im Siebenjährigen Krieg die Lineartaktik, bei der die Männer mechanisch gedrillt gleichsam als „Puppenwerk" in Pelotons gestaffelt in einer Linie gemeinsam schossen, der bestimmende Faktor. Jedoch wurde der so genannte kleine Krieg, also der Einsatz leichter Truppen, immer häufiger angewandt. Diese Truppen bestanden aus kleineren, locker gegliederten Verbänden mit flacher Befehlskette; die Männer kämpften individuell, nutzten das Gelände im Kampf geschickt zu ihrem Vorteil aus, bewegten sich nicht selten getarnt, kämpften als Partisanen und schossen selbständig, vor allem schossen sie gezielt. Solche Scharfschützen oder Jäger töteten zum Beispiel ganz gezielt Offiziere des Gegners, was den europäischen Adelskomment verletzte und immer wieder zu scharfen Protesten führte. Diese bewegliche, freiere und nur mit Freiwilligen zu bestreitende so genannte Tirailleurtaktik brach nicht nur mit den starren Regeln der bisherigen Kriegführung, sondern unterminierte zugleich das ständische Gesellschaftskonzept.

Lineartaktik

Kleiner Krieg

Tirailleurtaktik

Es waren nach dem amerikanischen Unabhängigkeitskrieg in den 1770er Jahren, der in Deutschland aufmerksam verfolgt wurde, die Ereignisse in Frankreich, die die Zielvorstellung von der neuen Militärverfassung mit konkreten Inhalten füllten. So wurden in Nordamerika nicht nur die professionellen englischen Truppen von schlecht ausgerüsteten, aber hoch motiviert und in Guerillataktik kämpfenden amerikanischen Milizeinheiten besiegt; zugleich wurde der Selbstbewaffnung der Bürger in der Bill of Rights 1776 Verfassungscharakter eingeräumt und dabei ausdrücklich deren Stellung über dem regulären Militär betont.

Selbstbewaffnung der Bürger

Zu den ersten Maßnahmen im Gefolge der Revolution in Frankreich 1789 zählte die Politisierung und Umgestaltung des Militärs. Die Verfassung von 1791 sah eine spezielle, dem regulären Militär gleichgestellte Nationalgarde vor, in die sich alle aktiven Bürger und deren Söhne eintragen konnten. Als sinnbildlicher Ausdruck der rechtlich gleichgestellten Bürgergesellschaft und des Mottos Freiheit, Gleichheit, Brüderlichkeit wurde die Verteidigung des Landes allen Männern auferlegt. In der Verfassung von 1793 und dem Gesetz über die allgemeine Volksbewaffnung („levée en masse") wurden alle Franzosen zu Soldaten erklärt; damit kam das politisch-militärische Prinzip demokratischer Staatsauffassung zum Ausdruck. Bürgerliche und militärische Nation wurden als identisch angesehen, dem Bürger sollten bürgerliche und militärische Pflichten obliegen. Die Armee war fortan nicht mehr Instrument der Exekutive, sondern sie stellte einen Teil des Staates dar.

Nationalgarde

In Deutschland, vor allem in Preußen, gerieten die Regierungen zunehmend unter Zugzwang. Sehr schnell zeigte sich, dass die als überlegen geltenden Koalitionsmächte den neuen französischen Truppen nicht viel entgegen zu setzen hatten. Seit der berühmten Kanonade von Valmy 1792 befanden sich vor allem die habsburgischen und preußischen Truppen auf dem Rückzug. Dieser außenpolitische Druck wurde bald durch den genialen Feldherrn Napoleon (1769–1821) noch verstärkt, der immer mehr Gebiete Deutschlands unter seinen Einfluss brachte. Aber auch nach innen befanden sich Fürsten und Generäle in der Defensive. Einerseits hatten die Stimmen, die bereits vor 1789 energisch Veränderungen verlangt hatten, stürmischen Zulauf erhalten und forderten vehement Reformen an Militär, Staat und Gesellschaft. Andererseits waren die Verantwortlichen mehr denn je auf eine Volks- oder Bürgerbewaffnung zur Aufrechterhaltung der öffentlichen Ordnung angewiesen, da die traditionellen Systeme der Ordnungswahrung in den Dörfern und Städten immer weniger funktionierten. Trotz dieses Modernisierungsdrucks hielten die Fürsten am Stehenden Heer des Ancien Régime fest, wollten um jeden Preis eine revolutionäre Umwandlung von Staat und Gesellschaft, die eine Einführung der Volksbewaffnung nach sich gezogen hätte, vermeiden. Selbst die Rekrutierung

Kanonade von Valmy

orientierte sich zumindest in Preußen weiterhin am so genannten Kantonsystem, das man 1792 noch einmal präzisiert und es bei einer ständisch abgestuften Heranziehung der jungen Männer belassen hatte.

Kantonsystem

Erst als Preußen im Alleingang gegen Napoleon 1806 bei Jena und Auerstedt vernichtend geschlagen worden war, ließ der preußische Monarch Friedrich Wilhelm III. (1770–1840) widerstrebend die Reformpartei zum Zuge kommen. Bereits zwei Wochen nach dem Frieden von Tilsit wurde die Militärreorganisationskommission ins Leben gerufen. Der Kommission gehörten neben dem König und Minister Karl vom Stein (1757–1831) unter anderem die Offiziere Gerhard Johann David von Scharnhorst (1755–1813), August Neithardt von Gneisenau (1760–1831), Ludwig Leopold Hermann Gottlieb von Boyen (1771–1848) und Carl Wilhelm Georg Grolman (1777–1843) an. Die nun eingeleitete Militärreform war grundlegend angelegt: Abschaffung des Systems der Anwerbung so genannter Ausländer, die Abschaffung der entehrenden und barbarischen Körperstrafen, die Beseitigung des adligen Privilegs bei der Besetzung der Offiziersstellen, die Einrichtung neuer Militärbildungsanstalten zur wissenschaftlichen Ausbildung des Offiziernachwuchses, die dem neuen Kriegsbild entsprechende Einteilung des Heeres in aus allen Waffengattungen gemischte Brigaden, die Übernahme neuer taktischer Grundformen (Tirailleur- und Kolonnentaktik), die harmonisch mit der traditionellen Lineartaktik verschmolzen wurden, die Abhaltung regelmäßiger Manöver und Winterübungen sowie die Reorganisation der Militärverwaltung und die Errichtung des Kriegsministeriums als zentrales Führungs- und Verwaltungsorgan der Armee.

Militärreorganisationskommission

Militärreform

Auch eine Bürgerbewaffnung wurde diskutiert und zum Teil eingerichtet. Am 31. Juli 1807 entwickelte Scharnhorst seinen Plan einer Nationalmiliz. Um „die Ruhe des Landes zu erhalten, die Polizei zu unterstützen, das Land gegen die Plünderungen der Marodeure zu decken, um feindliche Streifereien zu verhindern“, sollte eine solche Miliz Polizeiaufgaben übernehmen und auch die Truppe entlasten. Obwohl die Bestimmungen im Pariser Vertrag Hilfspolizeiverbände ausdrücklich genehmigten, traf der König vor 1813 keine Entscheidung über die allgemeine Einführung einer „Nationalwache“, förderte aber aus politischem Kalkül mit symbolischen Handlungen oder öffentlichen Belobigungen einzelne Bürgergarden in den Städten. Flankiert wurden diese Pläne von der neuen Städteordnung, die den Bürgern autarke bewaffnete Formationen zubilligte.

Bürgerbewaffnung

Oberstes und eigentliches Ziel der Heeresreform war, die sichtbare strikte Trennung und tiefe Kluft zwischen Staat und Volk, zwi-

Überwindung der Kluft von Militär und Gesellschaft

schen Militär und Gesellschaft zu schließen. Diese Trennung, also die ständische Formation des Militärs als gesellschaftliche und berufliche Sondergruppe, hatten die Verantwortlichen als Hauptursache für das militärische Scheitern ausgemacht. Beabsichtigt war, durch eine Aufwertung des Militärs breite Bevölkerungsschichten, im Grunde alle jungen Männer, heranziehen zu können. Scharnhorst machte in seinem vorläufigen Entwurf der Verfassung einer Reservearmee vom 31. August 1807 jeden „Bewohner des Staates" zu einem „geborenen Verteidiger" und forderte die Aufhebung aller bisherigen Exemtionen und Befreiungen, vor allem aber die Beseitigung des Stellvertreterwesens. Die wichtigsten Instrumente auf diesem Weg waren die Einführung der allgemeinen Wehrpflicht und die Errichtung von Bürgermilizen. Damit hatten die Reformer auf den ersten Blick die Forderungen der Spätaufklärer und Frühliberalen zum großen Ärger der Konservativen in Militär und Staat umgesetzt.

Allgemeine Wehrpflicht und Bürgermiliz

Bei genauerem Hinsehen freilich finden sich zahlreiche Brüche und Widersprüche. Erstens war die Militärreform – zusammen mit dem gesamten Preußischen Reformwerk – nur durch äußeren Druck zustande gekommen. Wie sich sehr bald zeigen sollte, wurde vieles am Reformpaket nach dem Sieg über Napoleon wieder zurückgenommen. Zunächst galt es jedoch, die verheerende Niederlage zu verarbeiten, dann die französische Besatzung zu ertragen, schließlich als gedemütigter Juniorpartner Napoleons zu fungieren. Manche Änderung hatte sogar auf französische Anweisung erfolgen müssen, wieder andere Aktionen mussten geheim bleiben. Beispielsweise konnte die allgemeine Wehrpflicht zunächst nicht realisiert werden. Zweitens waren sich Frühliberale und Militärreformer nur anfangs einig. Während nämlich die Frühliberalen ihren Überlegungen den republikanischen Freiheitsbegriff der Französischen Revolution zugrunde legten, der auf politische Partizipation basierte, orientierten sich die Militärreformer am Freiheitsbegriff des deutschen Idealismus, der nicht die volle politische Freiheit, sondern vor allem eine innere, moralische Befreiung, eine sittliche und geistige Erziehung vorsah. Das Ziel von Scharnhorst und Gneisenau war nicht der mündige Staatsbürger französischer Provenienz, sondern die Steigerung der militärischen Effizienz über den massenhaften Einsatz von patriotisch begeisterten Freiwilligen.

Militärreform auf äußeren Druck

Verschiedene Freiheitsbegriffe

Bewegung kam auf, als Ende 1812 mit Russland die Konvention von Tauroggen geschlossen und der offene Krieg gegen Napoleon wieder aufgenommen wurde. Geschickt hatte König Friedrich Wilhelm III. mit mehreren Verfassungsversprechen und Aufrufen „An mein Volk" die patriotischen Gefühle der Menschen instrumentalisiert. Mit Landsturm und Landwehr war 1813 zudem die lange eingeforderte Bürgerbewaffnung auf Landesebene eingerichtet worden.

Landwehr

Die Landwehr sollte das Problem der Reservegestellung lösen. Im 18. Jahrhundert hatte man mit verschiedenen Beurlaubungssystemen einen als notwendig erachteten Ausgleich von militärischer Erfordernis und Bedarf an Arbeitskräften in Landwirtschaft und Handwerk geschaffen. Die von den Reformern ins Leben gerufene Landwehr sollte jedoch weit mehr sein als nur Reserve für die Linie, die Stehenden Truppen. Während für den Kriegsfall ein vereinigtes Vorgehen von Linie und Landwehr geplant wurde, sollte im Frieden die Landwehr weitgehend eigenständig bleiben, selbst ihre Übungen vornehmen; das Offizierkorps der Landwehr hatte sich aus entlassenen Offizieren und besitzenden Kreisbewohnern zusammenzusetzen. Der Landsturm als letztes Aufgebot gegen einen Angreifer sollte sich aus einzelnen Bürger- und Landkompanien rekrutieren.

Landsturm

Befreiungskrieg statt Freiheitskrieg

Dass offiziell nicht von Freiheitskrieg, sondern von Befreiungskrieg gesprochen wurde, war zwar ein deutlicher Hinweis für die politische Richtung der Zentrale, der jedoch kaum zur Kenntnis genommen wurde. Nach dem Sieg über Napoleon war denn auch die Enttäuschung groß. Nicht nur, dass es nicht zu einer Verfassung kam, zugleich wurde sogar zielgerichtet mit einem Rückbau der von König und Regierung als zu weit gehenden Reformen begonnen.

Preußisches Wehrgesetz von 1814

Von zentraler Bedeutung geriet das preußische Wehrgesetz von 1814. Die „bewaffnete Macht" wurde in vier Teile, das Stehende Heer, die Landwehr ersten Aufgebots, die Landwehr zweiten Aufgebots und den Landsturm gegliedert. Die Stehende Armee „als Haupt-Bildungsschule der ganzen Nation" bestand aus Freiwilligen und einem „Theil der jungen Mannschaft" vom 20. bis 25. Lebensjahr; einer dreijährigen Dienstzeit schloss sich eine zweijährige Ersatzreserve an. Alle Männer aus „gebildeten Ständen" freilich, die zudem über finanzielle Mittel verfügten, brauchten lediglich ein Jahr zu dienen. Die Landwehr ersten Grades umfasste alle 20- bis 25-jährigen, die sich nicht im Stehenden Heer befanden sowie alle 26- bis 32-jährigen. Diese Abteilung musste im Krieg das Stehende Heer unterstützen, im Frieden jedoch lediglich einige Übungen verrichten. Die Landwehr zweiten Grades setzte sich aus allen denjenigen zusammen, die weder im Berufsheer noch im ersten Grad standen, sowie all jenen, die 32 bis 39 Jahre alt waren. Auf freiwilliger Basis konnten zu den regelmäßigen Übungen 17- bis 20-jährige „Jünglinge" stoßen. Der Landsturm sollte im Krieg nur auf besonderen Befehl zusammentreten; im Frieden durfte er zwar grundsätzlich zur Aufrechterhaltung der öffentlichen Ordnung eingesetzt werden, doch setzte dies eine besondere Bestimmung voraus. Angehören sollten dem Landsturm, der in Bürgerkompanien in den großen Städten und Landkompanien in den kleinen Städten und auf dem Land eingeteilt wurde, Männer bis zum 50. Lebensjahr, die in keiner anderen Wehrformation standen.

Dieses so genannte Wehrpflichtgesetz fand auch auf Seiten vieler Reformer zunächst durchaus Beifall, zumal die anderen deutschen Staaten – wenn überhaupt – lediglich viel behutsamer ihre Wehrverfassung der neuen politischen und militärischen Situation angepasst hatten. Die meisten Länder stützten sich nämlich weiterhin auf das ungeliebte Konskriptions- und Aushebungssystem, bei dem Dörfer und Städte über den Losentscheid jeweils eine bestimmte Anzahl junger Männer zu stellen hatten; Formationen aus dem Geist der Volksbewaffnung wie Landwehr oder Landsturm wurden nicht ins Leben gerufen oder unmittelbar nach dem Sieg über Napoleon wieder aufgelöst. Obwohl also die Mehrheit das Gesetz und vor allem die Aufhebung der adligen Vorrechte, aber eben auch die Aufnahme aller Staatsbürger in den Militärdienst als richtungsweisend begrüßte, störten sich aus ganz unterschiedlichen Motiven Liberale wie Konservative an dem nun bedingungslos alle Männer verpflichtenden Charakter, wollten vor allem die Liberalen keinen Zwang, sondern Freiwilligkeit, bejahte man das Prinzip der allgemeinen Wehrpflicht, nicht jedoch deren Umsetzung.

Reaktionen auf das Wehrgesetz

Ein anderes gravierendes Problem war die faktische Aufhebung einer Volks- oder Bürgerbewaffnung. Zwar wurden Landwehr und Landsturm in dem Gesetz erwähnt, gegenüber den Hoffnungen und Regelungen zwischen 1806 und 1813 bedeutete dies jedoch einen herben Rückschritt. Schließlich blieb das Stehende Heer unangetastet, wurden Landwehr und Landsturm dem Berufsheer strikt nach- und untergeordnet. Überdies wurde in den folgenden Jahren die Landwehr weiter reduziert und in ihren Rechten beschnitten; der Landsturm wurde gleich für ruhend erklärt. Als bis zum Jahre 1820 auch die letzten Militärreformer ihren Abschied genommen hatten oder zum Rücktritt gedrängt worden waren, endete diese Periode einer defensiven Modernisierung, die den Menschen zwar Reformen, aber keine politische Mitsprache, keine Verfassung gebracht hatte.

Rücknahme vieler Reformen

2.2 *Vormärz und Revolution (1820–1850)*

Kriegsverfassung des Deutschen Bundes

Die Kriegsverfassung des Deutschen Bundes mit seinen 41 Bundesstaaten fußt auf der Bundesakte und den knappen Rahmenbestimmungen der Wiener Schlussakte aus dem Jahre 1820. Zwar behielten die

Mitgliedsstaaten ihr souveränes Bündnisrecht bei, durften Bündnisse aber nicht gegen den Bund oder gegen einzelne Mitglieder eingehen. Streitigkeiten unter den Bundesstaaten durften nicht mit Gewalt, sondern mussten per Schiedsspruch gelöst werden. Nach Erklärung eines Bundeskrieges war es verboten, selbsttätig mit der gegnerischen Macht zu verhandeln. Eine wichtige Funktion nahmen Bundesintervention und Exekutionsordnung ein. Ein Mitgliedsstaat konnte bei Unruhen und Aufständen im eigenen Land jederzeit Bundestruppen zu Hilfe rufen oder berechtigte Forderungen gegen ein anderes Mitglied bei vorliegendem Bundesbeschluss mit militärischer Gewalt durchsetzen. Darüber hinaus konnte der Bundestag auch ohne den Willen einer Regierung, wenn diese etwa handlungsunfähig oder aber auch nicht vom Bund anerkannt war oder bundeswidrig handelte, mit Bundestruppen einschreiten und die alte Regierung wieder einsetzen. In einem solchen Fall wurde ein Bundeskommissar ernannt, der die vollstreckenden Maßnahmen im Auftrag des Bundes wahrnahm.

Bundeskrieg und Bundesintervention

Die Bundeskriegsverfassung war defensiv ausgerichtet, nur ein Verteidigungskrieg war erlaubt. Im Fall eines Angriffs erklärte der Bundestag den Kriegszustand; da der Bund keine eigenen Streitkräfte besaß, musste er auf die Kontingente seiner Gliedstaaten zurückgreifen. Stärke und Verteilung dieser Kontingente waren nach Bevölkerungszahl der Staaten in einer Matrikel geregelt. Bezogen auf den Stand von 1842 stellten Österreich und Preußen mit fast 95000 (31,4 Prozent des Bundesheeres) bzw. fast 80000 Soldaten (26,3 Prozent) das Gros der Truppen, während Mecklenburg-Strelitz mit 718 (0,2 Prozent), Frankfurt/Main mit 693 (0,1 Prozent) und Lichtenstein mit 55 Männern die kleinsten Kontingente zu stellen hatten. Dieses nur im Kriegsfall zusammentretende Bundesheer sollte auf zehn Armeekorps aufgeteilt werden, von denen sieben ungemischt und drei gemischt, also aus mehreren Bundesstaaten zusammengesetzte Einheiten waren. Hinzu kamen einige Bundesfestungen an der Westgrenze. Es sollte nicht verschwiegen werden, dass Preußen und Österreich mit Sonderkonditionen ausgestattet waren, die es ihnen aufgrund ihres über die Bundesgrenzen hinausreichenden Territoriums gestatteten, als europäische Mächte Außenpolitik auch ohne den Bund zu führen.

Kontingente des Bundesheeres

Solange sie ihr Kontingent bereitstellten und bestimmte Vorgaben bei den Waffengattungen sowie bei Aufstellung und Führung der Verbände erfüllten, waren die einzelnen Bundesstaaten in ihrer Militärverfassung unabhängig – mit der Folge, dass sie Rekrutierung, Organisation, Bewaffnung und Ausbildung jeweils unterschiedlich regelten.

Bewaffnung auf vorindustriellem Standard

Bis in die Mitte des 19. Jahrhunderts hinein war die Bewaffnung auf vorindustriellem Standard; einzig Österreich und Preußen hatten mit einer Massenproduktion von Gewehren einheitlichen Kalibers begonnen. Es zeigte sich sehr bald, dass die schnellfeuernden preußischen Hinterlader überlegen waren. Die kleinen und mittleren Staaten verfügten über ganz unterschiedliche Gewehrmodelle differierenden Kalibers, die bereits in der zweiten Hälfte des 18. Jahrhunderts in der Truppe eingeführt worden waren. Lediglich für punktuelle Ausbesserungen und Reparaturen war Geld vorhanden.

Rekrutierung über Konskriptionssystem

Rekrutierung und Ergänzungswesen waren zwar im Großen und Ganzen sehr ähnlich ausgestaltet, variierten aber im Detail. Europaweit üblich war die Rekrutierung über das Konskriptionssystem mit Exemtionen und Gewährung der Stellvertretung. Wie im 18. Jahrhundert praktiziert, wurden als ökonomisch nützlich und sozial herausragend eingestufte Männer wie Adlige, Beamte, Akademiker oder Fabrikanten und deren Söhne bevorteilt, entweder ganz vom Militärdienst befreit oder deren Stellvertretung noch einmal deutlich erleichtert. Da die sprunghaft steigenden Bevölkerungszahlen bei weitem den personellen Militärbedarf überstieg, wurden aus dem Kreis der Wehrpflichtigen die Dienstpflichtigen gelost. Diese ausgelosten Dienstpflichtigen hatten nun die Möglichkeit, auf eigene Kosten einen Stellvertreter zu stellen. Immerhin etwa ein Viertel machte von dieser Möglichkeit Gebrauch. Schnell hatte sich ein florierender Markt entwickelt, der willige Kandidaten vermittelte und zudem Assekuranzleistungen anbot, die im Versicherungsfall die Kosten für den Stellvertreter, den so genannten Einsteher, übernahmen: ein Handgeld zu Beginn des Dienstes einerseits, eine größere Summe nach Abschluss des Militärdienstes andererseits. Auch dieses Verfahren war im Übrigen keineswegs neu, da man im 18. Jahrhundert Ausgehobenen und anderweitig zum Militärdienst Verpflichteten ebenfalls die Gestellung eines Ersatzmannes auf eigene Kosten eingeräumt hatte. Erst als seit der Mitte des 19. Jahrhunderts Industrialisierung und Wirtschaftsaufschwung spürbar Wirkung zeigten und sich immer seltener jemand für die Stellvertretung bereit fand, da der Militärdienst ökonomisch unattraktiver wurde, zugleich aber aufgerüstet wurde und immer mehr junge Männer gezogen wurden, sank die Quote der Stellvertretung erheblich.

Stellvertretung

Einsteher

Wie schon erwähnt, hatte man sich in Preußen auf die allgemeine Wehrpflicht ohne Stellvertretung festgelegt. Da aber trotz stetigen Anstiegs der Bevölkerungszahl immer weniger Männer tatsächlich gezogen wurden, hatte man bis zur Mitte des Jahrhunderts höchstens die Hälfte aller Dienstverpflichteten ziehen können. Überdies hatte man mit dem Institut der Einjährig-Freiwilligen einen gewissen Ausgleich für die fehlende Möglichkeit der Stellvertretung geschaffen. Der dafür in Frage kommende Personenkreis umfasste „junge Leute aus den gebildeten Ständen". Er wurde immer weiter ausgedehnt, schließlich waren Gymnasiasten, bald auch Schüler von Realschulen und höheren Bürgerschulen mit entsprechender Bescheinigung, Künstler und Studenten, vom dreijährigen Militärdienst befreit; statt dessen reduzierte man die Dienstzeit deutlich auf ein Jahr und räumte die Möglichkeit einer Ausbildung zum Reserveoffizier ein.

Institut der Einjährig-Freiwilligen in Preußen

Um eine bestimmte Heeresstärke einzuhalten und vor allem um über einen Kern voll ausgebildeter Soldaten verfügen zu können, griff die Führung auf über die Pflichtdienstzeit hinaus freiwillig dienende Soldaten, die so genannten Kapitulanten, zurück. Etwa ein Viertel aller einfachen Soldaten setzte sich in den Kompanien aus solchen Kapitulanten zusammen – was wiederum den Anteil der Wehrpflichtigen senkte.

Kapitulanten

Insgesamt lässt sich festhalten, dass sich das Militär in der ersten Hälfte des Jahrhunderts stark in der Defensive befand. Dies lag nicht nur an den publizistischen Angriffen der Reformer und Liberalen und deren zur Diskussion gestellten alternativen Wehrordnungen, sondern auch an einer allgemeinen Wirtschaftskrise und nicht zuletzt an den hohen Kriegsschulden und den Zahlungsverpflichtungen für Pensionen und Versehrte, die den Militäretat der deutschen Länder empfindlich schmälerte. Da überdies ein stürmisches Bevölkerungswachstum eingesetzt hatte, verlor das Militär auch quantitativ an Bedeutung. So sank der Anteil der jeweils aktiven Militärs an der Bevölkerung gegenüber dem 18. Jahrhundert deutlich: Während im Jahre 1786 in Preußen der Anteil 3,5 Prozent betrug (194 000 Soldaten bei 5,7 Mio. Einwohnern), so sank die Quote im Jahre 1840 auf 0,9 Prozent und damit um ein Viertel (135 000 Soldaten bei 14,9 Mio. Einwohnern). Von einem flächendeckenden Zugriff des Militärs auf die Bevölkerung kann also in der ersten Hälfte des 19. Jahrhunderts noch keinesfalls gesprochen werden, zumal selbst in Preußen, das zumindest per Gesetz den größten Spielraum dazu eingeräumt hatte, bei der Umsetzung enge Grenzen gesetzt waren. Freilich gilt es doch festzuhalten, dass im Vergleich zum 18. Jahrhundert immer mehr junge Männer, die zudem immer stärker aus gehobenen sozialen Schichten stammten, mit der militärischen Welt in einen intensiven Kontakt gerieten.

Militär in der Defensive

Sinkender Anteil des Militärs an Gesamtbevölkerung

Wie sich bereits in der zweiten Hälfte des 18. Jahrhunderts angedeutet und zunehmend herauskristallisiert hatte, gewann der Begriff von der Volksbewaffnung zentrale Bedeutung. Spätestens mit den Erfahrungen der Napoleonischen Zeit war den Menschen deutlich vor Augen geführt worden, dass das Verhältnis von Gesellschaft und Staat überhaupt definiert und damit auf eine neue Grundlage gestellt werden musste; dieses beinhaltete vor allem die Legitimität der Regierung und das Problem einer parlamentarischen Kontrolle. Nicht zuletzt nach zwanzig Jahren Krieg war die Frage der Militärverfassung zum Kernpunkt dieser Diskussion geworden: Das Militär hatte seine Rolle als nahezu privat ausgestalteter, verlängerter Arm der Exekutive des Ancien Régime ausgespielt. Statt dessen hatte sich die bewaffnete Macht zum öffentlichen Sektor und damit entscheidenden Machtfaktor im Kräfte-

Militär an der Nahtstelle von Staat und Gesellschaft

parallelogramm zwischen Staat und Gesellschaft gewandelt. Der Begriff von der Volksbewaffnung wurde so zu einer alles umfassenden Chiffre, deren Semantik überdies im Laufe von Reformzeit und Vormärz stark variierte. Zu den grundsätzlichen Bedingungsfaktoren zählten zum einen die politische Großwetterlage in Europa und dem Deutschen Bund, zum anderen die stürmisch voranschreitende politische und sozioökonomische Entwicklung, die sich etwa im Problem der „socialen Frage" seit den 1830er Jahren, den Wirtschaftskrisen und Hungersnöten in den 1840er Jahren, der Formierung liberaler Positionen nach 1815, den revolutionären Ereignissen 1830–1833 und 1848/49 oder den Reformdebatten im Gefolge des Leidensdrucks durch Napoleon zwischen 1806 und 1814 oder den restaurativen Kräften nach 1815 offenbarten. Diese stürmische doppelrevolutionäre Entwicklung und die offene Frage um die zukünftige politische und soziale Ordnung, die letzten Endes auf die Alternative bürgerlich-liberaler Verfassungsstaat oder autokratischer Obrigkeitsstaat hinauslief, schuf immer neue Varianten und Bedeutungsinhalte von Volksbewaffnung.

Varianten von Volksbewaffnung

Gerade anfangs war der Begriff so breit angelegt, dass er auch von Konservativen und der militärischen Elite benutzt wurde, die dabei freilich nur an maximale Zugriffsrechte des Militärs auf die Gesellschaft dachten. Unstrittig wurde sehr schnell, dass die konkrete Umsetzung einer Volksbewaffnung sich am Rekrutierungssystem einerseits, an eigenständigen Wehrformationen der Gesellschaft andererseits kristallisierte. Wie in der Reformzeit schon offensichtlich wurde, konnte es zu Bündnissen und Gemeinsamkeiten verschiedener Interessengruppen kommen, die bei einer bestimmten Frage sehr rasch wieder beendet wurden. Zudem waren die Probleme so grundsätzlich und die politischen Positionen noch so wenig trennscharf, dass man zunächst sowohl

Experimentierphase mit alternativen Wehrformen

bei Maßnahmen der Regierung als auch in der öffentlichen Diskussion viel experimentierte und ausprobierte. Schließlich gab es viele Missverständnisse und Begriffsverwirrungen, die für zusätzliches Chaos sorgten, da sich Sprache und Begriffe innerhalb kürzester Zeit wandelten und neue Semantiken entwickelten, so etwa die Begriffe Freiheit oder Volk. Endlich gilt es zwischen einem politischen und einem sozialen bzw. ökonomischen Standpunkt zu unterscheiden; während einerseits etwa das Besitz- und Bildungsbürgertum mehrheitlich seine Söhne in der Tradition des 18. Jahrhunderts möglichst vom Militär verschont wissen wollte, befürworteten andererseits viele Besitz- und Bildungsbürger aus politischen Motiven die allgemeine Wehrpflicht.

Politische Grundpositionen

Im Folgenden werden die politischen Grundpositionen und die davon abgeleiteten konkreten Forderungen im Vormärz erläutert. Die frühliberale Position wurde anfangs maßgeblich von den Staatsrechtlern Carl Theodor Welcker (1790–1869) und vor allem Karl von Rotteck (1775–1840) geprägt. In seiner 1815 verfassten Schrift „Stehende Heere und Nationalmiliz" nahm Rotteck die bekannten Argumente gegen das Stehende Heer auf und diagnostizierte einen außenpolitischen, einen ökonomischen und einen innenpolitischen Faktor. So würden Stehende Heere stets die Kriegsgefahr schüren, seien zu teuer in der Unterhaltung und würden die bürgerliche Freiheit gefährden. Rotteck lehnte das Stehende Heer wie auch jede Form der allgemeinen Wehrpflicht ab, da dieser Zugriff eine Militarisierung der Gesellschaft nach sich ziehen würde. Statt Konskription und Zwang forderte er das Prinzip der Freiwilligkeit, eine Verpflichtung zum Kriegsdienst entstünde lediglich im Verteidigungsfall. Entscheidende Funktion komme der Verfassung zu. Haben Öffentlichkeit, Parlament und Regierung den „Nationalkrieg" erklärt, sei der Kriegsdienst nunmehr eine „ehrenvolle Verpflichtung", werde es an freiwilligen „Streitern" also nicht fehlen. Rotteck schlug die Erstellung einer Nationalkriegsverfassung vor, in der jeder Bürger zugleich „Glied des Nationalheeres" sei. Die „Volksrepräsentation" bestimmte über Einberufung, Einsatz und Dauer des Dienstes. Offiziere würden frei gewählt und von den Ortsbehörden ernannt.

Haltung der liberalen Partei

Einige Liberale wollten nicht so weit gehen, das Stehende Heer ganz abzuschaffen und setzten mehr auf Landwehr oder Landsturm als ausgleichende Faktoren; andere verlangten lediglich Änderungen an der Heeresstärke, eine geringere Aushebungsquote oder mehr bürgerliche Leistungsmerkmale innerhalb des Militärs, vor allem Aufstiegsmöglichkeiten auch für Nichtadlige. Freilich wurden die Forderungen vor allem mit der Revolution 1830 und 1848 entschiedener und radikaler. Zum einen wurde nunmehr viel deutlicher die über eine parlamentarische Kontrolle oder einen Verfassungseid der Soldaten zu vollziehende enge An- und Einbindung des Militärs gefordert. Zum anderen setzte man zunehmend auf eigene Wehrformen, was auf die Zuspitzung Stehendes Heer als Macht des Monarchen auf der einen, Formen von Volks- oder Bürgerbewaffnung als bewaffneter Arm von Opposition und Gesellschaft auf der anderen Seite hinauslief.

Radikale Position

Die erst nach 1830, vor allem während der Revolution von 1848/49 sich formierende radikale Partei strebte nicht nur nach einer republikanischen Grundverfassung, sondern wollte auch weit reichende Eingriffe in die Besitzverhältnisse vornehmen. Ein Stehendes Heer wurde demzufolge völlig abgelehnt, statt dessen sollte der Vierte Stand, also Arbeiter, Tagelöhner und Gesellen, bewaffnet werden.

Konservative Haltung

Die Militärschriftsteller und Offiziere taten sich anfangs schwer, auf die Angriffe der Liberalen zu reagieren, hatte doch ihre Welt bis vor kurzem nicht zur Disposition gestanden. Die Konservativen hielten am Stehenden Heer als besonderem Stand fest und wiesen alle Versuche, den Soldaten etwa mit einem Eid an die Verfassung oder überhaupt an jemand anderen als an den Monarchen zu binden, brüsk zurück. Man wehrte sich gegen die Bezeichnung „Söldner", stellte dem die Figur vom ehrenvollen und patriotischen Soldaten gegenüber, der über ein besonderes Treueverhältnis unmittelbar an den Monarchen gebunden sei, betonte noch einmal die besondere jahrelange Ausbildung, die nötig sei, um Krieg zu führen, oder spottete über die amateurhafte Erscheinung der Bürgergardisten, die sich vom Bild des gedrillten Soldaten so deutlich unterschied. Die Vorstellung eines Bürgeroffiziers schien „untragbar", da er keine „Dignität des Standes" habe. Mit Gegenrechnungen versuchten die Gegner der Volksbewaffnung zu belegen, wie kostengünstig doch das Stehende Heer in Wahrheit sei und wie sehr demgegenüber eine bürgerliche Sicherungsformation mit bisher nicht bedachten Ausgaben zu Buche schlagen würde. Kurioserweise fanden sich gerade in den ersten Jahren merkwürdig anmutende Zweckbündnisse. Dass Liberale und Militärreformer zunächst viele gemeinsame Interessen hatten, als es der einen Partei um eine Effizienzsteigerung des Militärs, der anderen Partei um die Einführung des Leistungsprinzips und einer humaneren Strafpraxis ging, wurde schon erwähnt. Zugleich aber trafen sich bei der Ablehnung der allgemeinen Wehrpflicht all jene konservativen Militärs, die überhaupt jede Reform ablehnten und das Schreckensbild einer Demokratisierung der Armee malten, mit entschiedenen Liberalen, die eine Militarisierung der Gesellschaft befürchteten.

Temporäre Zweckbündnisse

Bürgerwehren und Bürgergarden

Im Laufe des Vormärz verlagerte sich die Diskussion um die Militärverfassung von der Rekrutierungspraxis und der inneren Organisation der Truppe hin zu den Formationen der Volksbewaffnung. Hatte man sich zu Beginn des Jahrhunderts und in der Reformzeit noch mit Landwehr oder Landsturm, also paramilitärischen Einheiten unter der Kuratel des Militärs, begnügt, so forderte man nunmehr Bürgerwehren oder Bürgergarden, die völlig selbständig vom Militär agieren und als autarke bewaffnete Einheiten vor allem in den Städten wirken sollten. Aufgrund der sozialen und ökonomischen Probleme und der damit einher gehenden Gefährdungen der inneren Sicherheit, die sich in Ausschreitungen, Tumulten und Übergriffen der Unterschichten auf das Eigentum der Besitzbürger offenbarten, erhielten diese Ordnungsformationen immer stärker einen doppelten, freilich disparaten Aufgabenbereich. So sollten sie einerseits im Sinn der liberalen Idee als Verfassungswacht fungieren, als bürgerliches Gegenstück zur Armee des Monarchen. Andererseits sollten sie aber auch das Eigentum schützen, also als Hilfspolizei auftreten, und damit sozialrevolutionären Forderungen entgegentreten. Die öffentlichen Debatten konzentrierten sich vor allem auf drei Kernprobleme: die Frage nach dem Aufgabenbereich der Ordnungsformationen, also im engeren Sinne die Dichotomie „Hilfspolizei" vs. „Verfassungswacht"; die Frage nach dem potenziellen Mitgliederkreis und die Frage nach der Bindung an die Obrigkeit.

Radikalisierung der Forderungen

Konträre Aufgabenbereiche

Wie die kurhessischen Ereignisse der 1830er Jahre offenbart hatten, blieb der doppelte Aufgabenbereich der Bürgerwehren ein ständiger Reibungspunkt, der im Jahre 1848 eine besondere Brisanz erfuhr. Verstanden sich die Ordnungsformationen in erster Linie als Hilfspolizei, sahen die Bürger also ihre Hauptaufgabe darin, für die Einhaltung der öffentlichen Ordnung zu sorgen, so drohten sie mit der Veränderung der politischen Großwetterlage zu einem Instrument der Reaktion zu werden; hielten die Bürgerwehrmänner aber an ihrer verkündeten Verfassungsschutzfunktion fest, so gerieten sie in die Gefahr, als Revolutionäre und Umstürzler bezeichnet zu werden. Die Konservativen jedenfalls waren an einer ausschließlich hilfspolizeilich orientierten, revolutionsimmunisierten Bürgerwehr interessiert, schien diese doch in der ersten Zeit sogar ein geschmeidigeres Instrument zur Unterdrückung von Unruhen zu sein als das Militär. Als jedoch die Bürgerwehren in den Augen der Konservativen sowohl ihre Fähigkeit als auch ihre Bereitwilligkeit zur Niederschlagung von Demonstrationen oder Protesten verloren, bestanden sie – parallel zum Siegeszug der Reaktion – auf einer Auflösung aller diesbezüglichen Formationen.

Schwieriger war die Haltung der Liberalen. Einerseits wussten die Besitzbürger spätestens seit 1830, wie nützlich eine solche Ordnungsformation sein konnte, wenn man selbst zum Ziel von Protesten wurde und sein Eigentum bedroht sah. So hatte man sich im Frühjahr 1848 deshalb ausdrücklich zum Ordnungsaspekt bekannt – nicht zuletzt um die Fürsten und Anhänger der alten Ordnung auf die eigene Seite zu ziehen. Andererseits wollte man sich aber auch nicht zum ständigen Büttel der Polizeiorgane degradieren lassen. Insbesondere die radikaleren Publizisten prangerten dies als unannehmbare Einschränkung an. Die Sozialisten und Frühkommunisten schließlich lehnten den Ordnungscharakter der Bürgerwehr überhaupt ab und forderten volle Souveränität und das allgemeinpolitische Mandat.

Potenzieller Personenkreis

Die zweite Grundposition, die sich in der Volksbewaffnungsdebatte manifestierte, war die Frage nach dem geeigneten Personenkreis, der Anfang 1848 eine deutliche Erweiterung erfahren hatte. Hinter diesem Problem verbargen sich wiederum verschiedene Gesellschaftskonzeptionen. Die Konservativen wollten nur „die guten Elemente", also das politisch konforme Besitz- und Beamtenbürgertum in der Bürgerwehr vertreten wissen. Jede Beteiligung des „Pöbels", der unterbürgerlichen Schichten, wurde strikt abgelehnt. Diese Stimmen hielten nicht nur weitgehend an einem ständischen Gesellschaftsmodell rechtlicher Ungleichheit fest, sondern propagierten auch ein Untertanenverhältnis von Staat und Bevölkerung, das Mitsprache möglichst ausschloss oder zumindest stark beschnitt.

Die Haltung der Liberalen zu diesem Problem war uneinheitlich, stand man doch zwischen abstrakten politischen Überzeugungen auf der einen und den konkreten, persönlichen Ängsten auf der anderen Seite. Jene, die einen sozialen Umsturz durch die schrankenlose Aufnahme aller Männer befürchteten, richteten ihre Stimmen allerdings kaum noch pauschal gegen einen bestimmten Stand oder eine definierte Bevölkerungsgruppe. Die Kriterien reichten vielmehr von rechtlichen Hürden (Bürgerrecht), wirtschaftlichen Anforderungen (Selbständigkeit), bestimmten Besitzstandards (Immobilienbesitz oder ein genügendes Einkommen oder Vermögen), moralischen Aspekten (politisch unreif), polizeilichen Stigmatisierungen (aufrührerisch) oder schlicht einer vorgeschriebenen Haltung und Lebenseinstellung bis hin zu einem gewissen Mindeststandard an Kleidung und Ausstattung.

Wenn damit auch in spätaufklärerischer Tradition einfachen Menschen wegen ihres vermeintlichen niedrigen Bildungsstandes, ihrer vorgeblich fehlenden sittlichen Erziehung oder schlicht wegen ihrer scheinbaren mangelnden ökonomischen Selbständigkeit das Recht der politischen Mitsprache vorerst noch verweigert wurde, basierten diese Überlegungen letztlich doch sowohl auf der Zielvorstellung von der bürgerlichen Gesellschaft als auch auf dem politischen Staatsbürgermodell. Immerhin ließen die verschwommenen Kriterien durchaus bewusst die sukzessive Berücksichtigung von Gesellen, Tagelöhnern oder Fabrikarbeitern zu.

Dritter und letzter Schwerpunkt der Diskussion war die Frage nach der administrativen und organisatorischen Bindung an die Obrigkeit im weiteren Sinne. Die Konservativen wünschten eine straffe Anbindung an die örtlichen Behörden oder sogar an militärische Dienststellen. Dadurch sollte den Formationen eine passive Rolle zugewiesen werden und jene nur auf besondere obrigkeitliche Anforderung zusammentreten dürfen. Eine Selbstalarmierung oder autarke Einberufungsbefugnis und damit einen Einsatz der Bürgerwehren nach Gutdünken der Beteiligten sollte so ausgeschlossen werden. Reaktionäre Kritiker wollten zivile Behörden sogar völlig ausschließen, da ihnen jeder „militärische Sinn“ fehle. Die Liberalen lehnten eine solche Einschränkung strikt ab und bestanden auf einer unabhängigen Stellung der Ordnungsformationen, die eine eigenständige Einsatzplanung erlaubte. Neben dieser so genannten Requisitionsfrage, die in den 1830er Jahren etwa in Kurhessen oder Sachsen schon umstritten war, wurde auch die Frage der Vorgesetztenwahlen kontrovers diskutiert. Für Liberale und Radikale waren freie Wahlen der Offiziere und Unteroffiziere durch die einfachen Bürgergardisten unabdingbare Voraussetzung, galt doch die Selbstergänzung der Führer als fundamentaler Ausweis der spezifischen Staatsbürgerlichkeit der Formationen. Vertreter der Reaktion lehnten zwar in der Regel nicht prinzipiell den Wahlmodus ab, wollten aber einige Sicherungsbarrieren errichtet wissen, die eine von der Obrigkeit unkontrollierte Besetzung der Führungspositionen verhinderte. Extreme Rechte oder Militärs lehnten die Wahl der Anführer durch die Untergebenen jedoch völlig ab.

Behördliche Kontrolle

Durch den Krieg mit Dänemark 1848 erhielt die Frage der Volksbewaffnung eine besondere und spezifische Zuspitzung. Insbesondere aktive und ehemalige Militärs griffen den strategischen Aspekt der Bürgerformationen auf und entwarfen – unter bewusster Auslassung der freiheitlich-politischen Implikationen und innenpolitischen Aufgabenbereiche – das militärische Wunschbild einer breiten und straff geführten Reservearmee zur Unterstützung der Stehenden Truppen. Es wurden Vorschläge für zukünftige Kriegsordnungen unterbreitet und neben den notwendigen technisch-organisatorischen Überlegungen die jeweils maximal erreichbare Armeestärke hochgerechnet, die man letztlich auch zum Wohle der Staatsfinanzen erzielen könne.

Revolution 1848/49

Die ungelösten politischen und sozioökonomischen Probleme kulminierten in der Revolution von 1848/49, in der sich vor allem nun auch die konträren Vorstellungen über die zukünftige Wehrverfassung zuspitzten. Die Einführung der Volksbewaffnung zählte zu den ersten und zentralen Bestandteilen der so genannten Märzforderungen. Obwohl viele aufmerksame Beobachter durchaus Unruhen größeren Ausmaßes erwartet hatten, war die Geschlossenheit und Heftigkeit der Bewegung für die Regierungen doch eine Überraschung; Hintergrund dieser breiten Bewegung war die Kombination unzufriedener, politische Mitsprache einfordernder Besitzbürger und Sozialreformen begehrender unterer Schichten. Die Regierungen wichen zurück, ordneten die Umsetzung der Volksbewaffnung an und verkündeten eine Verfassung mit freien Wahlen. Freilich waren die jetzt einberufenen Bürgerwehren weitaus radikaler ausgerichtet; selbst unterbürgerliche Schichten wurden einbezogen und bewaffnet, auch wenn das Bürgertum dominierend blieb. Im weiteren Verlauf der Revolution entstanden vor allem in den großen Städten zunehmend reine Tagelöhnergarden oder überhaupt wilde, also ohne Genehmigung der Obrigkeit, errichtete Ordnungsformationen und Volkswehren, die sich wie etwa beim Zeughaussturm in Berlin auch bewaffnen konnten. Im Herbst 1848 begann der Siegeszug der Reaktion, die die Parlamente und Bürgerwehren auflöste, alle Bürger entwaffnete und viele der politischen Zugeständnisse wieder zurücknahm.

Das von der liberalen und demokratischen Bewegung herausgeforderte Militär befand sich zunächst in der Defensive. Barrikaden in den Straßen, der ungewohnte Häuserkampf und die Merkmale eines Bürgerkriegs offenbarten im Frühjahr deutlich die mangelnde Einsatzfähigkeit der Männer, die weder mit schwerem Gerät noch in breiter Linie angreifen konnten, ohne noch größeren politischen Schaden anzurichten. Überdies hatte sich sehr schnell gezeigt, dass das Militär in lokalen oder regionalen Einsätzen bei einzelnen Marktunruhen und Ausschreitungen nicht wirklich Erfolg hatte. Zwar wurden Ruhe und Ordnung schnell wieder hergestellt, doch fasste die Militärführung immer wieder ins Leere, gab es keinen Widerstand bietenden Gegner. Zogen die Männer wieder ab, brachen die nächsten Tumulte aus. Hinzu kommt, dass ein Militäraufmarsch statt einzuschüchtern die Menschen oftmals überhaupt erst zu heftigen Unmutsbekundungen trieb. Die Militärführung befand sich zusammen mit den alten Eliten ohnehin in einem Dilemma. Der Schock über den im März erlebten Machtverlust und den angesichts weiterer Forderungen drohenden zusätzlichen Statusverlust saß tief; zugleich bildete das Militär die letzte verbliebene Bastion vor der politischen und sozialen Umwälzung. Die Verhinderung eines Überspringens des revolutionären Funkens auf die bewaffnete Macht hatte deshalb oberste Priorität – was sich auch auf den taktischen Einsatz der Männer auswirkte. So wurden zum einen immer nur größere Einheiten eingesetzt, da bei kleineren Abteilungen stets die Gefahr einer Niederlage oder einer Auflösung der Abteilung und damit eines Überlaufens der Männer bestand; zum anderen wurden die Soldaten wenn irgend möglich kaserniert und von den Einflüssen der revolutionären Partei fern gehalten. Diese Taktik ist zum großen Teil auch aufgegangen, nur ein geringer Prozentsatz ist desertiert.

Als die breite Protestfront im Sommer 1848 zerbrach, weil sich die Bewegung differenzierte und verschiedene politische Ziele verfolgte, gewann die Reaktion wieder an Raum und setzte im Herbst 1848 und 1849 das Militär auf breiter Front ein. Wie sich sehr schnell zeigte, waren die professionellen Soldaten vor allem in offener Feldaufstellung nicht zu besiegen und auch im konzentrierten und massierten Straßenkampf konnten die Bürgerwehren, wie etwa bei der Erstürmung Wiens durch die Truppen des Generals Alfred Fürst zu Windischgrätz (1787–1862) oder der Pariser Straßenschlacht im Juni, nicht lange widerstehen. Diese Gefechte waren trotz großen Engagements der Freiwilligenverbände infolge der schlechten Ausbildung und Ausrüstung sowie ihrer in der Regel hoffnungslosen zahlenmäßigen Unterlegenheit nur von kurzer Dauer. Gerade weil die militärische Führung das Risiko der Niederlage scheute und deshalb nur unter günstigsten Bedingungen und deutlicher Überlegenheit antrat, eilte die Reaktion von Sieg zu Sieg.

Ende der Revolution

Mit dem Ende der Revolution wurde auch das Sterbeglöcklein von Volksbewaffnung und Bürgerwehr eingeläutet. Das wiedererstarkte Militär hatte im Herbst 1848 seinen militärischen wie politischen Siegeszug angetreten. Weitaus gravierender aber war, dass mit der rapiden Zunahme der sozioökonomischen Verwerfungen die durch Klassengegensätze und diametrale Interessen von Tagelöhnern und Besitzbürgern ausgelösten Risse nicht mehr gekittet werden konnten. Bereits im Frühjahr 1848 kam es zu alternativen, miteinander konkurrierenden Klassenordnungsformationen, bestehend jeweils aus Tagelöhnern und Arbeitern oder aus Besitzbürgern, in ein und derselben Stadt. Das Besitzbürgertum floh in Scharen aus dem Ideengebäude einer unsicher gewordenen kommunalen und autarken Bürgergesellschaft unter das sichere Dach des militarisierten und autokratischen Staates. Diesem absoluten Scheitern der Volksbewaffnungsidee insgesamt im Gefolge von 1848 stand im Dunstkreis alltäglicher Probleme das relative Scheitern einzelner Ordnungsformationen in den Jahren davor gegenüber. Angesichts der wortreichen Bekundungen und vollmundigen Versprechungen der Liberalen in Festreden und Versammlungen, aber auch angesichts der Prahlereien einzelner Beteiligter in den Kneipen, sah nämlich die nächtliche Realität in den Straßen und an den Stadttoren oftmals recht ernüchternd und kläglich aus. Die Euphorie über den politischen Erfolg und der Stolz über den eigenen Statuszugewinn verflogen schnell während eines 24-stündigen Wachdienstes. Alkohol im Dienst, schlafende Wachposten oder verwaiste Tore und Mauern gehörten zum Alltag – und waren im Übrigen für die Gegner der Einrichtung willkommene Argumentationshilfen.

Fernwirkung der gescheiterten Revolution

Die Fernwirkung dieses von den alten Eliten und dem Militär errungenen Sieges über die liberalen und demokratischen Bewegungen und deren Militärkonzepte ist beträchtlich. Erstens war es den alten Eliten gelungen, trotz etlicher Zugeständnisse ihre beherrschende Stellung in Staat und Gesellschaft zu sichern. Zweitens gründete diese Statussicherung ausschließlich auf den Bajonetten der Soldaten; damit wurde das Militär als letzte Bastion betrachtet, die die alte Ordnung zu sichern imstande war. Gerade die Auflösung der preußischen Nationalversammlung durch das Militär hatte großen Symbolcharakter erhalten. Für die Zukunft hatte somit die Sicherung dieses bewaffneten Instruments vor den sozialpolitischen Zugriffen der Öffentlichkeit und der parlamentarischen Kontrolle oberste Priorität. Drittens waren nicht nur die alternativen Wehrkonzepte gescheitert, zugleich hatte sich die im Vormärz breite liberale Bewegung in verschiedene Interessengruppen gespalten; das Besitzbürgertum machte bald seinen Frieden mit der Regierung, zumal der Verzicht auf weitere politische Reformen mit Zugeständnissen in ökonomischen Fragen erkauft wurde. Damit war der Weg gewiesen in Richtung einer autokratischen, demokratische Bewegungen misstrauisch beobachtenden, sich auf das Militär stützende Obrigkeit, die das parlamentarische System im Innersten ablehnte; ein Weg, der letztlich in den Ersten Weltkrieg mündete.

3. Nationalisierung und Industrialisierung: Krieg und Militär (1850–1890)

3.1 Ereignis und Krieg

Die folgenden Jahrzehnte standen ganz im Zeichen der preußischen Machterweiterung. Noch während der Revolution 1848 versuchte die Regierung in Berlin, zumindest im norddeutschen Raum ihren Einfluss auszudehnen. Dabei verfolgte man den Plan, über eine Änderung der Bundeskriegsverfassung eine militärpolitische Oberherrschaft über die Kleinstaaten zu erringen. Mit einer Reihe von Militärkonventionen band Preußen militärpolitisch mehrere kleine Staaten an sich. Bevor jedoch die weitergehende so genannte Erfurter Union Realität werden konnte, kam es auf Intervention Österreichs in der Olmützer Punktation zu einem raschen Ende dieser Pläne. Wenn auch Preußen zunächst einlenkte, die Konventionen auflöste und in den folgenden Jahren sein Militär reorganisierte, blieb der preußisch-österreichische Dualismus bestehen, in dem jede Seite eine Oberherrschaft über den Deutschen Bund anstrebte. In Preußen setzte sich zu Beginn der 1850er Jahre in den einflussreichen militärischen und zivilen Führungsgruppen allmählich die Zielvorstellung durch, die eine Lösung der nationalen Frage ohne Einbezug Österreichs und ohne Weckung des revolutionären Geistes anstrebte. Zunächst aber geriet in dem diplomatischen Ringen mit Österreich die Bundeskriegsverfassung zum Hebel und Ansatzpunkt neuer Pläne und Vorschläge. Bewegung brachten in diesen Dualismus die durch den Krimkrieg und den Krieg in Italien 1859 ausgelösten Veränderungen der europäischen Großwetterlage, in der das alte Mächtesystem von 1815 von einer neuen Realpolitik wechselnder Partner abgelöst wurde und die zu Rivalitäten und Bündnissen zwischen den Großmächten führte.

Militärkonvention

Erfurter Union und Olmützer Punktation

Veränderungen der europäischen Großwetterlage

Während Preußen auf diese Weise neuen Spielraum in seiner Außenpolitik erhielt, geriet Österreich infolge seiner Niederlage in Oberitalien ins Hintertreffen. Damit erhielt der neue preußische Ministerpräsident Otto von Bismarck (1815–1898) die Möglichkeit, die deutsche Frage in seinem Sinne zu lösen. Zunächst kam es jedoch zum gemeinsamen Krieg gegen Dänemark 1864, da der nördliche Nachbar Schleswig inkorporieren wollte. Nach einem kurzen Feldzug, in dem Preußen mit der Erstürmung der Düppeler Schanzen neben einem militärischen auch einen politischen Prestigeerfolg erringen konnte, wurde in Wien der Frieden unterzeichnet. Dänemark verzichtete auf die Herzogtümer Schleswig und Holstein, die unter preußische und österreichische Verwaltung gestellt wurden. Nur zwei Jahre später kam es zu dem lange erwarteten Krieg zwischen den Flügelmächten des Deutschen Bundes. Wiederum siegte Preußen in kurzer Zeit, wieder wurden Kriegserklärung und Friedensschluss im Stil der Kabinettskriege des 18. Jahrhunderts abgewickelt. Preußen annektierte das Königreich Hannover, Kurhessen, Nassau, Schleswig-Holstein und Frankfurt/Main und schuf damit nördlich der Mainlinie ein weitgehend geschlossenes Herrschaftsgebiet. Der Deutsche Bund wurde aufgelöst, Österreich aus der Mitte Europas nach Südosten abgedrängt. Unmittelbar nach Kriegsende begann Preußen mit der Bildung des Norddeutschen Bundes, den

Krieg gegen Dänemark 1864

Krieg gegen Österreich 1866

Norddeutscher Bund

es unanfechtbar dominierte. Die Verfassung stellte die Angleichung des Militärwesens aller Bundesstaaten an das preußische Vorbild sicher. Die Militärgesetzgebung ging auf den Bund über. Bundesfeldherr wurde der preußische König als Inhaber des Bundespräsidiums. Ihm oblag es, Krieg zu erklären und Frieden zu schließen.

Außenpolitisch blieb die Dynamik einer Lösung der nationalstaatlichen Frage bestehen, da zudem die Zukunft der süddeutschen Staaten offen geblieben war. Da Frankreich einer weiteren Ausdehnung Preußens einen Riegel vorschieben wollte, kam es wiederum nur vier Jahre später zum Deutsch-Französischen Krieg, den Bismarck allein aufgrund einer außergewöhnlich günstigen Konstellation in Europa führen konnte. Im Gegensatz zu den beiden kurzen Kriegen zuvor, dauerte dieser Waffengang nicht nur erheblich länger und war wesentlich verlustreicher, er zeigte nach Ausrufung der Republik in Paris und den offenbar gewordenen Annexionsplänen Preußens auch alle Merkmale eines Volkskrieges. Gleichwohl konnten Preußen und die verbündeten deutschen Staaten den Sieg erringen. Im Jahre 1871 erfolgte die Kaiserproklamation und die Gründung des Deutschen Reiches unter Einschluss auch der süddeutschen Länder; zudem wurde Elsass-Lothringen annektiert. Das Deutsche Reich repräsentierte im Wesentlichen die Struktur des Norddeutschen Bundes. Preußen beherrschte das Reich. Mehr als 70 Prozent des Reichsgebiets und knapp 25 Millionen von etwa 42 Millionen Einwohnern gehörten zu Preußen. In der Person Bismarcks und im preußischen Militär, nunmehr Vorbild für die Gesamtstreitmacht, realisierte sich das Schwergewicht Preußens am sinnfälligsten.

Deutsch-Französischer Krieg 1870/71

Reichsgründung 1871

Freilich ließ die besondere geopolitische Lage des Reiches die großen europäischen Mächte, vor allem England und Russland, sehr misstrauisch das neue Machtzentrum beäugen; ein Machtzentrum, das in Mitteleuropa in dieser Größe erstmals in der Neuzeit präsent geworden war. Hinzu kam die besondere Gegnerschaft Frankreichs, das auf Rückgewinnung seiner beiden Provinzen drängte. Die Folge war, dass das Bismarckreich sich von Anfang an in der Defensive befand. Diese außenpolitischen Zwänge, diese mangelnde Selbstverständlichkeit der Anerkennung konnte zunächst von Bismarck in kunstvollen Bündnissystemen und geschickten diplomatischen Schachzügen im Stile des 18. Jahrhunderts überdeckt werden. Den außenpolitischen Problemen standen zudem gravierende innere Schwierigkeiten gegenüber: Wie sich sehr bald zeigen sollte, hatte eine auf den Bajonetten des Militärs errungene, ohne Beteiligung der Bevölkerung oder der Parlamente von oben vollzogene Reichsgründung das politische und soziale Leben der Menschen in Deutschland entscheidend prädisponiert. Auf diese Weise

Bismarck-Reich in der Defensive

hat sich eine fatale Verknüpfung von Innen- und Außenpolitik einerseits, von nationalen und militärischen Zielen andererseits ergeben. Das politische Bewusstsein der Armee ist wesentlich von der Vorstellung bestimmt worden, auch den letzten Krieg 1870/71 siegreich mit der Linie, also ohne Einbeziehung von Wehrformationen des Bürgertums, bestritten zu haben. Die militärische Elite konnte somit ihr überkommenes Kriegsbild und ihre veralteten Staats- und Gesellschaftsvorstellungen bis in das letzte Drittel des 19. und das frühe 20. Jahrhundert konservieren, weil der Erfolg ihr scheinbar Recht gegeben und selbst den früheren innenpolitischen Gegner überzeugt hatte. Der Zusammenfall dieses Erfolgs mit der nationalen Lösung und der Demütigung des so genannten Erbfeindes Frankreich hat den Verdeckungs- und Selbsttäuschungseffekt noch verstärkt.

3.2 Politik und Verfassung

Der Ausgang der Revolution von 1848 hatte in entscheidendem Maße das weitere Verhältnis von Armee, Verfassung und Monarchie bestimmt. Die preußische Verfassung von 1850 schloss die Vereidigung des Heeres auf die Verfassung unmissverständlich aus. Man wollte aus Soldaten keine Staatsdiener wie andere Beamte schaffen, es sollte weiterhin ein besonderes Treueverhältnis von Monarchie und Militär bestehen. Damit stand das Militär, im Besonderen das in der Hauptsache adlige Offizierkorps, nur am Rande in einer staatsrechtlichen Dienstverpflichtung. Diese Einordnung korrespondiert mit der Kommandogewalt des Königs. Er, nicht die Regierung oder der Kriegsminister, der eher als Verwaltungsminister des Heerwesens fungierte, führte den Oberbefehl, beförderte und vertrat die Offiziere. Diese spezifisch deutsche und preußische Konstruktion, in der das besondere, gleichsam private Treueverhältnis von Offizier und Monarch in der Tradition des 18. Jahrhunderts zum Ausdruck kommt, war mit dem Geist der Verfassung, der die Armee zum Teil des Staates erklärte und damit der Kontrolle des Parlaments unterwarf, unvereinbar. Es war für die Konservativen da nur konsequent, dass auch das Wahlrecht der Soldaten kritisch beäugt wurde. Man befürchtete eine Politisierung des Militärs, einen Treueverlust zum Monarchen und schließlich die Gefahr des Umsturzes. Nach längeren Diskussionen wurde 1869 das Wahlrecht für Soldaten, wenn sie im aktiven Dienst standen, für ruhend erklärt. Ohnehin überschätzten die Konservativen die praktischen Auswirkungen des Wahlrechts, da das aktive Wahlrecht an ein Mindestalter von 25 Jahren gekoppelt war, mithin also die Wehrpflichtigen und der größte Teil der

Verfassung ohne Militär

Treueverhältnis Monarch-Offizierkorps

einfachen Mannschaftsdienstgrade sowieso nicht wahlberechtigt gewesen wären.

Roonsche Heeresreform

Ende der 1850er und Anfang der 1860er Jahre bedeutete die Heeresreform unter Kriegsminister Albrecht von Roon (1803–1879) einen weiteren verfassungsrechtlichen und innenpolitischen Machtzuwachs für das Militär. Roon löste die Landwehr ersten Grades auf, die er zur Linie schlug. Zwar hatte diese Landwehr nichts mehr mit der Landwehr aus der Reformzeit zu Beginn des Jahrhunderts gemein, sie galt aber vielen Bürgern und Liberalen immer noch als letzter Rettungsanker und Symbol der alten Forderungen. Zudem sollte die dreijährige Dienstzeit wieder eingeführt werden, so dass das Heer deutlich von 151 000 auf 212 000 Soldaten aufgestockt wurde. Diese Aufrüstung führte wiederum zu einer Stärkung der Opposition, die Neuwahlen 1861 erbrachten deutliche Gewinne der neu gegründeten Fortschrittspartei, die eine nur zweijährige Dienstzeit und zudem die parlamentarische Kontrolle der Staatsausgaben verlangte, also die Mehrausgaben für den Militäretat ablehnte. Aus diesem Heereskonflikt entwickelte sich eine Verfassungskrise, in der die Militärpartei den König auf ihre Seite ziehen konnte und, als auch die Auflösung der Kammer und Neuwahlen nichts an der Haltung des Parlaments änderten, einen Staatsstreich und die Außerkraftsetzung der Verfassung in Erwägung zog. Es war der 1862 berufene Bismarck, der diesen Konflikt mit einer geschickten Hinhaltetaktik, Zugeständnissen im Detail und vor allem einer offensiven Außenpolitik, die die nationale Frage und bürgerlich-liberale Forderungen zu erfüllen schien, beendete. Angesichts der rasch errungenen Siege über Dänemark und mehr noch über Österreich und Frankreich stellten die Kritiker die nationale Komponente über die verfassungsrechtliche; die schnellen militärische Erfolge ließen selbst das Problem der Kommandogewalt für Liberale in den Hintergrund rücken. Bismarck hat mit dieser Politik nach Sicherstellung der Armeereform die im preußischen und auch im deutschen Bürgertum vorhandenen Neigungen zur Machtpolitik auf Kosten innenpolitischer Entfaltungsmöglichkeiten nachhaltig gefördert.

Verfassungskonflikt

Export des preußischen Militärsystems

Unmittelbar nach Durchführung der Roonschen Reform in Preußen begann die Regierung damit, ihr Militärsystem zu exportieren. Wie schon zwölf Jahre zuvor über den Abschluss von Militärkonventionen erreichte man diesmal die Übernahme der gesamten Heeresorganisation, einige Länder ließen ihre Truppen sogar von preußischen Offizieren befehligen. Mit Gründung des Norddeutschen Bundes expandierte die Kommandogewalt des preußischen Königs als Bundesfeldherr auf die Bundesstreitmacht. Die preußische Militärgesetzgebung wurde im

Bundesgebiet eingeführt, namentlich das Militärstrafgesetzbuch von 1845, die Militärstrafgerichtsordnung von 1845, die Verordnung über die Ehrengerichte, das Offizierergänzungswesen, die Bestimmungen über Bewaffnung und Organisation, vor allem über Aushebung und Mobilmachung. In allen praktischen Belangen entsprach das Heer des Bundes einer vergrößerten preußischen Armee. Mit dem Plan einer Präsenzstärke über die nächsten zehn Jahre versuchte Bismarck, das Parlament von seinem Kontrollrecht auszuschließen. Wiederum regte sich dagegen Widerstand. Schließlich einigte man sich auf einen Kompromiss, der das Militärwesen zwar unter die Gesetzgebungskompetenz des Bundes aufnahm, zugleich jedoch der Stimme Preußens im Bundesrat ein Vetorecht zusprach, wenn es um militärische Belange ging. Damit war zwar eine Militärdiktatur verhindert worden, nicht jedoch ein schwach entwickelter Konstitutionalismus. Entsprechend lehnte Bismarck Anträge für ein Bundeskriegsministerium ebenso ab wie Pläne, die Position des Bundesfeldherrn einzugrenzen.

Sonderrechte für Bayern und andere Staaten

Der organisatorische Rahmen des Norddeutschen Bundes ist dann 1871 zum Modell für die Ordnung des Militärwesens durch die Reichsverfassung geworden. Nach entsprechenden Verhandlungen und den Abschlüssen von Militärkonventionen traten die süddeutschen Länder dem Bund bei. Sachsen, Baden und Württemberg und vor allem Bayern wurden gewisse Sonderrechte eingeräumt; Bayern behielt seine Militärgesetzgebung, das Heeresfinanzwesen und sein Kriegsministerium. Im Frieden unterstand die bayerische Armee dem König in München, im Krieg dem Bundesfeldherrn, also dem Kaiser und preußischen König; überdies musste Bayern dem Kaiser das Inspektionsrecht einräumen. Die deutsche Militärverfassung nach 1871 stellte im Gegensatz zur Organisation des alten Deutschen Bundes eine auf den Oberbefehl des Kaisers zugeschnittene Struktur dar, die soviel Elemente reichseinheitlicher Tendenz umfasste, dass daneben die kontingentalen Vorbehalte und Sonderrechte, selbst die Bayerns, nicht entscheidend ins Gewicht fielen. Da die Gesetzgebungskompetenz in Militärangelegenheiten beim Reich lag, schuf es in den folgenden Jahren neues Militärrecht, das die süddeutschen Staaten zu übernehmen hatten. Wenn auch bis zum Ersten Weltkrieg die Vorstellung von einer Kontingentarmee in Deutschland überwog, so war die Entwicklung eindeutig auf ein einheitliches, auf Preußen hin ausgerichtetes Reichsheer angelegt.

Wie bereits in Preußen und im Norddeutschen Bund wurde auch im Deutschen Reich über die Möglichkeiten, das Militär zu kontrollieren, gestritten. Entsprechend hatten Auseinandersetzungen um die Heeresstärke, die an der Nahtstelle zwischen der Militärhoheit des Obersten Kriegsherrn und dem Budgetrecht des Reichstages ausgefochten wurden, eine eminente verfassungspolitische Bedeutung gewonnen. Die Friedenspräsenzstärke war bis Ende 1871 auf ein Prozent der Bevölkerung festgelegt worden; per Reichsgesetz sollte diese Stärke jeweils angepasst werden. Zur Berechnung der Ausgaben wurde eine bestimmte Summe pro Soldat fixiert. Damit hatte der Reichstag vordergründig eine beachtliche politische Handhabe, die dem Oberbefehl des Kaisers, der Präsenzstand, Gliederung und Einteilung des Heeres bestimmte, gegenüberstand. Zwar verzichtete ein schwacher, von Bismarck immer wieder leicht zu manipulierender Reichstag, der jederzeit aufgelöst werden konnte, letztlich auf dieses Machtmittel und damit auf den entscheidenden Bruch mit dem monarchischen System; indem er einem Septennat, einer für sieben Jahre geltenden Budgetierung auf der Basis der Heeresstärke von einem Prozent der Bevölkerung, zustimmte, konnte aber wenigstens ein so genanntes Äternat, also die dauerhafte Ausschaltung des Parlaments, verhindert werden. Da die herrschende Klasse die außenpolitische Lage als prekär einstufte und sich die Regierung in der Defensive, ja eingekreist fühlte, wurde die budgetäre Zuständigkeit des Reichstags nicht mehr nur als innenpolitisches Problem, sondern mehr denn je als existenzielle Bedrohung gesehen.

Parlamentarische Kontrolle

Septennat

Diese verfassungsrechtliche Sonderstellung des Militärs spiegelt sich auch in den Befugnissen der bewaffneten Macht im Inneren wider. Während im 18. Jahrhundert Einsätze des Militärs gegen die eigene Bevölkerung zum alten Kriegsrecht gehörten, führte die Verfassungsentwicklung zur notwendigen Definition des Ausnahmerechts. Auch die Frontstellung hatte sich geändert. Ging es im Ancien Régime um vereinzelte Polizeiwidrigkeiten und lokale Steuerverweigerungen, so war nun mit dem Auseinandertreten von Staat und Gesellschaft der innenpolitische, der verfassungsrechtliche Faktor virulent. Im Vormärz wurde die monarchische Ordnung gegen Kritik und Opposition auch mit militärischen Mitteln verteidigt. Die preußische Verfassung von 1850 sah vor, dass militärische Dienststellen den Belagerungszustand verhängen konnten, der vom Staatsministerium erklärt werden musste. Nach Bekanntmachung der Erklärung des Belagerungszustandes ging die vollziehende Gewalt auf den Militärbefehlshaber über, zivile Dienststellen hatten Folge zu leisten. Mit einer ausdrücklichen Erklärung konnten zudem die Grundrechte aufgehoben werden. In den Verfassungen des Norddeutschen Bundes und des Deutschen Reiches sind dann weitere Modifizierungen eingebaut worden. So konnte der Kaiser den Kriegs- bzw. Belagerungszustand erklären.

3.3 *Organisation und Verwaltung*

Kriegsministerium

Das Kriegsministerium wurde im Zuge der Preußischen Reformen geschaffen. Von Anfang an war die Position des Ministers gefährdet, dem zwar die Kommando- und Generalstabs- sowie die Personal- und Verwaltungsangelegenheiten oblagen; da aber der König als oberster Kriegsherr weiterhin die Armee leitete und auch zum Offizierkorps eine besondere Beziehung bestand, fungierte der Kriegsminister nur als ausführender Beamter. Zudem erfolgte mit dem Rücktritt des ersten Kriegministers Hermann von Boyen eine weitere Schwächung dieser Funktion. Überdies war der Kriegsminister in der Regel selbst hoher Offizier, stand also in unterschiedlichen Loyalitätsverhältnissen. Die Position wurde vor allem nach 1850 weiter ausgehöhlt, als in den Augen des Königs und der Armee die verfassungsmäßige Stellung des Kriegsministers die Gefahr einer Einmischung des Parlaments in militärische Angelegenheiten mit sich brachte. So war das Verhältnis zwischen König und jeweiligem Minister oft angespannt, was sich etwa im Problem der Kontrasignatur, also in Fragen der Verantwortung und Zuständigkeit, spiegelte. Es ist wohl symptomatisch, dass der erfolgreichste Minister, von Roon, sein Augenmerk einseitig auf die Erhöhung der Effektivität der Armee und nicht auf konstitutionelle Rechte gerichtet hatte.

Militärkabinett

Ursache und Folge zugleich für die schwache und problematische Stellung des Kriegsministers war die Konkurrenz zum Militärkabinett und zum Generalstab. Alle beim König vorliegenden oder von diesem aufgegriffenen Militärangelegenheiten, vor allem die Personalfragen des Offizierkorps, wurden vom Militärkabinett verwaltet, dessen formelle Unterstellung unter das Kriegsministerium endgültig 1883 beendet worden ist. Darüber hinaus nahmen die kommandierenden Generale selbständige Funktionsstellen ein, die eine Immediatstellung zum Monarchen und damit auch eine Umgehung des Kriegsministeriums beinhaltete. Schließlich trat spätestens unter der Leitung von Helmuth von Moltke (1800–1891) mit dem Generalstab eine weitere einflussreiche Militärbehörde mit zentralen Leitungsfunktionen hinzu.

Generalstab

Obwohl das Kriegsministerium in seiner zentralen Verantwortung beschnitten wurde, hat es als oberste Behörde der Militärverwaltung wichtige Funktionen wahrgenommen. Während die Militärökonomie im 18. Jahrhundert noch nach dem Muster der Söldnerheere halbprivater Natur und die Kompanie ein Unternehmen im Besitz des Kompaniechefs waren, wurden im Zuge der Reformen zu Beginn des 19. Jahrhunderts diese Aufgaben endgültig verstaatlicht. Versorgung und Verpflegung der Soldaten, Nachschub und Bekleidung, das Haushalts-, Kassen- und Rechnungswesen sowie die Verwaltung der Kasernen, Lazarette und Übungsplätze lag in den Händen eines neuen Typs von Militärbeamten. Eine wichtige Rolle spielte noch die Militärjustiz, die mit ihren eigenen Instanzen und Gerichten sowie speziellem Militärstraf- und Verfahrensrecht nicht nur einen großen Komplex innerhalb der Militärverwaltung abdeckte, sondern auch von der zivilen Gerichtsbarkeit getrennt war.

Militärjustiz

Reichsheer

Die Gliederung des Reichsheeres lehnte sich eng an die des Norddeutschen Bundes an. Preußen, an das sich ja bereits viele Staaten angeschlossen und ihre militärische Selbständigkeit aufgegeben hatten, stellte das Garde-, die ersten elf sowie das vierzehnte Armeekorps, das sich allerdings auch aus badischen Truppen zusammensetzte, Sachsen das zwölfte, Württemberg das dreizehnte Armeekorps. Bayern bildete gemäß seiner Sonderrechte zwei eigene Armeekorps; hinzu kam noch das fünfzehnte Armeekorps des Reichslandes Elsass-Lothringen, das sich aus gemischten Verbänden zusammensetzte. Die Armee bestand aus den Waffengattungen Infanterie, Kavallerie, Artillerie sowie verschiedenen technischen Truppen. Den naturgemäß weitaus größten Teil nahmen die Fußtruppen ein, die 1874 in 148 Infanterieregimenter und 26 Jägerbataillone mit nahezu 280000 Soldaten unterteilt waren. Die Bewaffnung wurde in den 1870er Jahren vereinheitlicht; die Jäger erhielten eine Büchse mit aufpflanzbarem Hirschfänger, die Infanterie ein Gewehr Kaliber 11 mit Visiereinrichtung und Seitengewehr. Erst in den 1880er Jahren kam nach dem Vorbild der amerikanischen Winchestergewehre ein Mehrlader mit zehn Patronen zum Einsatz. Die Ausbildungsvorschriften passten sich der modernen Waffenwirkung nur langsam an. Die Waffengattung der Berittenen bildeten 93 Kavallerieregimenter, die sich je nach Ausrüstung und Kampftaktik als Dragoner, Husaren- oder Ulaneneinheiten formiert hatten. Die Bewaffnung der Männer mit Handfeuerwaffen und Karabinern wurde praktikabler, der Küraß bald abgeschafft. In den Instruktionen und Waffenübungen zeigte sich die Tendenz zu Einsätzen für Aufklärungs- und Sicherungsaufgaben. Trotz des außerordentlichen Prestiges dieser Waffengattung, die wie keine andere adlige Verhaltensweisen und Haltungen symbolisierte und zum Ausdruck brachte, hatte der strategische Niedergang längst eingesetzt. Mit der zunehmenden Motorisierung in der ersten Hälfte des 20. Jahrhunderts verschwand das Pferd auch als Transportmittel aus der Armee. Die Artillerie wurde in die mobile Feldartillerie und die als Fußartillerie bezeichnete Festungsartillerie gegliedert. Jedes

Waffengattungen

Armeekorps erhielt eine Feldartilleriebrigade zu zwei Regimentern mit reitenden und fahrenden Abteilungen; die insgesamt 36 Feldartillerieregimenter umfassten 300 Batterien zu je sechs Geschützen.

1875 verbesserte eine umfassende Neubewaffnung mit einheitlichen Kalibern den Wirkungsbereich der Geschütze erheblich. Hauptgeschoss war die Granate mit Aufschlagzünder; seltener wurden Schrapnells mit Zeitzündern eingesetzt, während zur Nahverteidigung Kartätschen zum Einsatz kamen. In den neuen Ausbildungsvorschriften der 1870er und 1880er Jahre wurden vornehmlich Manövrierfähigkeit, Exerzieren in jedem Gelände und leichtes Überwinden von Hindernissen geübt. Ein Zusammenwirken mit anderen Waffengattungen wurde dagegen kaum behandelt, nach wie vor galt bei den meisten Offizieren die Artillerie als Stiefkind der Armee. Erst der massive Einsatz der schweren Geschütze in den Weltkriegen und die Technisierung des Krieges im 20. Jahrhundert sollten dies nachhaltig ändern. Zu den technischen Truppen zählten die Pioniere, die jedem Armeekorps in Bataillonsstärke zugeteilt wurden. Zu deren Aufgaben gehörten unter der Leitung von Festungsbauingenieuren etwa der Brücken-, Schanzen- und Festungsbau. Zudem versorgten Eisenbahneinheiten, Telegraphentruppe und der Train die Armee mit Nachschub, sicherten die Nachrichtenverbindungen und regelten das Sanitätswesen.

3.4 Sozialstruktur und Alltag

Stand und Anstalt

Nach dem Allgemeinen Landrecht für die Preußischen Staaten bildeten alle Militärpersonen einen eigenen Stand im rechtlichen Wortsinn. Da sie zugleich auch Staatsbürger waren, befanden sie sich in einem doppelten Rechtsverhältnis. Als Angehörige des Militärs standen sie dem Staat gegenüber in einem unmittelbareren Verhältnis als sie es in Ihrer Rechtsposition als Staatsbürger taten. Je stärker der Begriff des Staatsbürgers, der im Wehrgesetz von 1814 eigentlich vorausgesetzt war, politisch verstanden wurde, umso fühlbarer schloss sich der Militärstand gegen die Gesellschaft ab. Damit gab man die reformerischen Bemühungen um den Staatsbürger in der Armee preis. Gerade die eigentümliche Kombination einer Übernahme ständischer Traditionen und Denkweisen aus dem 18. Jahrhundert mit dem obrigkeitlichen Staatsverständnis des 19. Jahrhunderts wirkte sich fatal aus. Letzteres ermöglichte zwar einen maximalen Zugriff auf die männliche Bevölkerung, verweigerte ihr aber politische Mitsprache. So schritt die Militarisierung von Staat und Gesellschaft in entscheidendem Maße voran und führte letztlich auch in den Ersten Weltkrieg.

Eingriffe in die private Lebensführung

Die Militärangehörigen hatten dementsprechend erhebliche Eingriffe in ihre Lebensplanung hinzunehmen, deren Motive teilweise noch aus dem paternalistischen Fürsorgeverständnis des 18. Jahrhunderts stammten. Besonders fühlbar waren die Beschneidungen beim Heiratskonsens. So durften sie nur mit Genehmigung ihres Kommandeurs sich verloben und heiraten; wurde die Eheschließung erlaubt, galt der Soldat im Hinblick auf seine militärischen Verpflichtungen und Verhältnisse weiterhin als unverheiratet. Ebenso konnten die Männer über das eigene Vermögen nur eingeschränkt verfügen und es war ihnen verboten, Darlehen ohne Erlaubnis des Vorgesetzten aufzunehmen. Eine Gewerbetätigkeit etwa im Quartier oder als Lebensmittelhändler war zwar nicht ausdrücklich verboten, musste aber eigens genehmigt werden.

„Pflicht" und „Ehre"

Den Dienstalltag prägten bestimmte Wertvorstellungen, die sich um „Pflicht" und „Ehre" gruppierten. Sehr bald zeigt sich eine folgenschwere Entwicklung, in der diese Werte überzogen und zu einem gesellschaftlich und verfassungsrechtlich bedenklichen Dogma gerieten. Ausgangspunkt dieser Entwicklung war das Berufsethos des Stehenden Heeres des 18. Jahrhunderts, das in der berufsständischen Tradition Alteuropas bestimmte Haltungen und Ehrvorstellungen generierte und konservierte. Diese ständisch begriffene Berufsehre gründete sich etwa auf Tapferkeit, Wagemut, Gehorsam, Gottesfurcht. Die Militärreformer des frühen 19. Jahrhunderts legten bei Einführung der allgemeinen Wehrpflicht, die alle jungen Männer, also auch gebildete und aus dem gehobenen Bürgertum stammende Kandidaten zum temporären Dienst verpflichtete, einen bürgerlichen Ehrbegriff zu Grunde. Dieser Ehrbegriff sollte zu einem anderen Umgangston im Militär, zu einer besseren, behutsameren, die Eigenrechte des Untergebenen achtenden Behandlung führen und die persönliche Ehre des Wehrpflichtigen schützen, indem etwa das Militärstrafrecht reformiert und damit alle Ehrenstrafen abgeschafft wurden. Doch wurden diese Vorstellungen bald mit dem Abklingen der Reformperiode und parallel zur institutionellen Sonderentwicklung des Militärs konterkariert. Obwohl die Wehrpflichtigen im Sinne der Reformer ihre persönliche, bürgerliche Ehre während des zeitlich befristeten Militärdienstes beibehalten sollten, ging die Militärführung dazu über, ihre Vorstellungen von einer beruflichen Ehre zur alleinigen Wertvorstellung zu machen und die Rekruten entsprechend zu indoktrinieren. In dieser den Interessen der Armee dienenden, vor allem nach 1850 offenbar werdenden Überhöhung und Idealisierung soldatischer Pflichten kündigte sich eine spezifische Militarisierung an, in der das Militärische Vorbild für das zivile Leben wurde; gegen Ende des 19. Jahrhunderts wurde es zum Dogma, dass der Mann erst im Militärdienst zum Vollmitglied der Gesellschaft herangebildet werde. Der viel beschworene Geist der Armee sollte dem Zeitgeist einen Riegel vorschieben. Da der unbedingte Gehorsam über den Instanzenzug der Vorgesetzten gleichsam bis zur monarchischen Autorität führte, die als höchste Instanz im Deutschen Reich fungierte, und auch das Staatskirchentum diese Subordination unterstützte, erhielt diese besondere Konfiguration soldatischen Geistes und Werthaltungen ihre spezifische Kohärenz.

Besoldung und Verpflegung

Mit dem Ende der Kompaniewirtschaft und der so genannten Militärökonomie wurden Besoldung und Verpflegung der Soldaten auf eine neue Grundlage gestellt. Der Sold eines Gemeinen hatte sich im Vergleich zum frühen 19. Jahrhundert jedoch kaum verändert; um 1900 betrug er pro Monat zehn Mark und 50 Pfennig. Die Brotverpflegung verbesserte sich erst im Laufe des 19. Jahrhunderts quantitativ und qualitativ, seit 1872 betrug die Normalportion 750, die schwere Portion 1000 Gramm. In der Verordnung über die Naturalverpflegung der Truppen aus dem Jahre 1858 wurde den Männern in der Garnison ein Mittagessen von 130 Gramm Fleisch, 100 Gramm Reis (oder 130 Gramm Graupen bzw. Grütze oder Kartoffeln oder Hülsenfrüchte) sowie Salz zugestanden. Bei Übungen in Lagern oder Biwaks gab es allerdings größere Portionen. Seit 1862 ersetzte Kaffee den Branntwein. Frühstück und Abendbrot verbesserten sich erst zu Beginn des 20. Jahrhunderts deutlich. Die Versorgung wurde vor allem durch Kasernenneubauten, die jeweils auch Gebäude für Küchen und Speiseanstalten beherbergten, auf eine neue Grundlage gestellt [43: MESSERSCHMIDT, Armee, 183–188].

Auch für die Kapitulanten und die Unteroffiziere, jene also, die freiwillig länger dienten und weder Wehrpflichtige noch Offiziere waren, blieben die dienstlichen und materiellen Verhältnisse eher karg und bescheiden. Freilich gilt es bei derartigen Einschätzungen stets den zeitgenössischen zivilen Vergleich herzustellen und diese nicht in Relation zur damaligen Oberschicht oder gar zu heutigen Verhältnissen zu interpretieren. So dürfte trotz dieser Kargheit der Lebensunterhalt unterer städtischer und ländlicher Bevölkerungsschichten noch weitaus bescheidenere Ausmaße besessen haben. Die Beförderungsmöglichkeiten waren außerordentlich gering, als Unteroffizier in den Stand der Offiziere aufzusteigen war praktisch unmöglich – mit der Folge, dass sich im Unteroffizierkorps vornehmlich einfache und wenig gebildete Männer sammelten. Daher erhielt das Versorgungswesen, also die Invalidenfürsorge wie die Versorgung mit Zivilstellen als materieller Anreiz zentrale Bedeutung. Erst nach 1848 wurden die im Geiste des 18. Jahr-

Beförderung und Versorgung

hunderts gewährten Gnadengehälter durch reguläre Invalidenpensionen abgelöst und mit vielfältigen Pensionsklassen, Erwerbsunfähigkeitskriterien und deutlich verbesserten Zahlungen erheblich aufgewertet. Zudem erhielten Abgänger vom Militär (Unteroffiziere und Kapitulanten) bei bestimmten Voraussetzungen von ihren vorgesetzten Dienststellen einen so genannten Zivilversorgungsschein, der ihnen im öffentlichen Dienst (Bahn, Forst, Kirche, Post, Verwaltung) eine einfache Tätigkeit etwa als Hausmeister, Bote, Diener, Aufseher, Wärter, Kirchendiener oder Zuchtmeister eine Anstellung ermöglichte. In den höheren Rängen des öffentlichen Dienstes wurden Reserveoffiziere angestellt. Damit wurde eine Praxis aufgenommen, die in allen Armeen des Alten Reiches, vor allem aber in der preußischen Armee von König Friedrich II. (1712–1786) intensiv betrieben worden war. Während damals freilich ökonomische Interessen und eine gewisse paternalistische Fürsorge eine Rolle spielten, erhielt diese Versorgungspraxis im 19. Jahrhundert, die im Übrigen den zivilen Nachwuchs der Verwaltungen nahezu zum Erliegen brachte, eine unübersehbare politische Dimension, auf die im nächsten Abschnitt noch zurückzukommen sein wird.

Adliges Offizierkorps

Offiziere lebten im Vergleich zu den einfachen Soldaten und Unteroffizieren in einer ganz anderen Welt. Als Spiegelbild der einstigen, mittlerweile in Auflösung begriffenen ständischen Gesellschaftsordnung besetzte der erste Stand, der Adel, die Führungspositionen, während die niederen Stände Unteroffizierkorps und die Mannschaftsdienstgrade stellten. Obwohl die Militärreformer zu Beginn des 19. Jahrhunderts auf das bürgerliche Leistungsprinzip setzten und Offiziersstellen auch für Nichtadlige öffneten, änderte sich faktisch nur wenig. Zwar wurde die rechtliche Gleichstellung adliger und bürgerlicher Offiziersanwärter hergestellt, jedoch keineswegs eine soziale Ebenbürtigkeit erreicht. Zudem wurde die in der Reformperiode vorübergehende Öffnung des Offizierkorps in der Restaurationszeit und vor allem nach 1850 zurückgenommen. Insbesondere in der preußischen Armee war der Adelsanteil hoch, die höheren Ränge hatten nahezu ausschließlich Adlige inne. Erwies sich ein Bürgerlicher als derart befähigt, dass er trotzdem in die Generalsränge kam, wurde er nobilitiert. Ohnehin war ein solcher Aufstieg nur möglich in den weniger prestigeträchtigen Waffengattungen, jenen also, in denen Technik und Wissenschaft dominierten, in der Artillerie und den Ingenieurwissenschaften. In einzelnen Eliteeinheiten wie den Garderegimentern wurden bis zum Ersten Weltkrieg überhaupt keine bürgerlichen Offiziere aufgenommen. Mag die Situation auch in den süddeutschen Staaten etwas weniger drastisch gewesen sein, so blieb doch auch dort die adlige Exklusivität des Offizierkorps weitgehend bestehen. Zwischen 1850 und 1890 betrug der Anteil bürgerlicher Regimentskommandeure bei der Artillerie 33–50 Prozent, bei der Infanterie lediglich 13–24 Prozent und bei der als elitär empfundenen Kavallerie sogar nur 7–11 Prozent. Je niedriger der Offiziersrang, desto höher der Anteil Bürgerlicher. Erst die enormen Aufrüstungen Ende des 19. und zu Beginn des 20. Jahrhunderts änderten diese Zahlenverhältnisse.

Soziologische Geschlossenheit des Offizierkorps

Diese soziologische Geschlossenheit des preußisch-deutschen Offizierkorps war gewollt und letztlich politisch motiviert. Mit einem doppelpoligen Ausleseverfahren, bei dem Schulen und Prüfungskommissionen den theoretischen Wissensstand und praktische Kenntnisse überprüften sowie Kommandeure das bisherige Verhalten als Anwärter begutachteten, wurden nicht nur die berufliche Befähigung zum Offizier, sondern auch die moralische Eignung, der Charakter wie es hieß, bestimmt. Es galt, den besonderen Korpsgeist zu bewahren. Hatte bereits die konstruierte Ehre der Soldaten und Unteroffiziere besondere Formen entwickelt, so wurde die Ehre des Offiziers noch weitaus höher angesetzt. Mit einer gezielt von oben geförderten Standesehre, die von besonderen Ehrengerichten geschützt und verteidigt wurde, bildete sich eine eigentümliche Funktionselite in Deutschland heraus, die sich, analog zur verfassungsrechtlichen Sonderstellung des Militärs und zum besonderen Treueverhältnis zum Monarchen, über der Gesellschaft als gleichsam priesterlichen Repräsentant einer transzendierenden Ordnung wähnte. Ehre und Homogenität des Verhaltens erwiesen sich als Steuerungselemente für die Offiziere im Einzelnen wie für das Offizierkorps im Ganzen. Der Zusammenhang von Ehre, Ehrenverwaltung, Verhaltensregelung und politischer Loyalität findet sich auf den Gebieten der Überwachung der wirtschaftlichen und gesellschaftlichen Verhältnisse der Offiziere, der Personalauslese und der Bildungsanforderungen.

Lebensbedingungen und Alltag der Offiziere

Der nach außen hin dargestellte Glanz des Offiziers mit seiner schmucken Uniform, seinem schneidigen Auftreten und seiner tadellosen Haltung kontrastiert mit seiner tatsächlichen sozialen und wirtschaftlichen Situation. Insbesondere die unteren Ränge konnten mit ihrem Sold gerade so ihren Lebensunterhalt bestreiten. Einem Sekondeleutnant verblieben nach Abzug der Kosten für Unterkunft, Wäsche und andere Serviceleistungen zehn Taler im Monat, die zum größten Teil gerade für das Mittagessen und die übrigen, aus Butterbrot bestehenden Mahlzeiten aufgewendet werden mussten. Trotz immer wieder erfolgter Solderhöhungen blieb das reguläre Einkommen für untere und mittlere Offiziersränge das ganze 19. Jahrhundert hindurch vergleichsweise bescheiden. Da jedoch Adelstradition und Offiziersehre eine gewisse standesgemäße Lebensführung verlangten und überdies stets ein gewisser Konkurrenzdruck herrschte, waren jene im Vorteil, die aus wohlhabenden Familien kamen – ein Umstand, der bis zu einem gewissen Grade bürgerliche Offiziere mit ausreichender Privatschatulle gegenüber Sprösslingen armer Adelsfamilien begünstigte. Freilich standen jene Männer immer unter Generalverdacht ihrer adligen Konkurrenten, ihnen fehle der rechte Kriegergeist und sie würden die weichliche Lebensweise des Bürgertums in den Städten vorziehen. Allgemeine Maßnahmen wie die Einrichtung von Offizierspeiseanstalten, die schon bald zu Offizierkasinos ausgebaut wurden, oder die private Mitversorgung der jungen Offiziere in den Haushalten der Kompanie- und vor allem der Regimentschefs konnten das Manko nur lindern. Ein großes Problem stellte deshalb die Verschuldung der Männer dar, die trotz aller Gegenmaßnahmen nicht eingedämmt werden konnte und die nicht wenige zur ehrwidrigen Quittierung ihres Dienstes gezwungen hatte; so mancher sah sogar keinen anderen ehrenvollen Ausweg als die Selbsttötung. Diese prekäre ökonomische Situation wurde flankiert von der schleppenden Beförderungspraxis, die nach dem Prinzip der bedingten Anciennität ausgerichtet war. Dieses Prinzip berücksichtigte einerseits die Dienstdauer, andererseits das Leistungsniveau des Kandidaten. Insbesondere bis zur Heeresreform der 1850er Jahre hatte ein Leutnant bis zu zwanzig Jahre zu dienen, ehe er befördert wurde. Um 1840 waren 45-jährige Premier- und Sekondeleutnante keine Seltenheit.

3.5 Wirtschaft und Technik

Obwohl Bewaffnung und Ausrüstung der Soldaten oder auch die Anschaffung größerer Waffensysteme in der Reformperiode endgültig in staatliche Regie gerieten und damit das private Unternehmertum der Kompanie- und Regimentschefs einerseits, die halbstaatlichen Manufakturen andererseits, abschafften, konnte sich eine privatwirtschaftlich organisierte Rüstungsindustrie erst seit der zweiten Hälfte des Jahrhunderts etablieren. Zu den allgemeinen Bedingungsfaktoren zählten die industrielle Entwicklung und die Revolution im Verkehrs- und Kommunikationswesen. In der Schwerindustrie, im Maschinenbau und der Metallurgie begann die maschinelle Produktion erst relativ spät in den 1850er und 1860er Jahren. Allmählich entstand eine Metall verarbeitende Industrie, in der Eisen- und Stahlerzeugung kombiniert und die Produkte weiterverarbeitet wurden. Über die Beschaffung von Industriekredit, die Gründung von Großbanken und Aktiengesellschaften ge-

Aufbau einer Rüstungsindustrie

lang es, in bisher nie da gewesenem Umfang Investitionen zu tätigen und einzelne Betriebe zu Großunternehmen auszubauen. Beispielhaft für diesen Aufschwung in der deutschen Eisenverarbeitung war das Unternehmen von Alfred Krupp (1812–1887), der 1835 seine erste Dampfmaschine aufstellte und 67 Arbeiter beschäftigte, 1847 mit dem Gießen erster Gussstahlkanonenrohre begann, seit 1864 jährlich 10000 Eisenbahnachsen und 20000 Räder lieferte und der 1870 12000 Arbeiter mit der Produktion von Eisenbahnteilen, Schiffsmaterial, Maschinenteilen, Blöcken und Kanonen aus Gussstahl beschäftigte.

Technologischer Fortschritt als Herausforderung

Für das Militär stellte der technologische Fortschritt eine große Herausforderung dar, musste doch das strategische, taktische und operative Denken und Planen stets angepasst und umgesetzt werden. Kriege (vor allem der Krimkrieg, der Amerikanische Bürgerkrieg und die Kriege gegen Österreich und Frankreich 1866 und 1870), in denen neue Waffentechnik eingesetzt und erprobt wurde, gerieten so zu einem Experimentierfeld und wirkten als Katalysator für Veränderungen. Insgesamt betrachtet führte die Entwicklung bei der Infanterie von dem vorn zu ladenden Steinschlossgewehr zum Hinterlader mit gezogenem Stahlrohr und zum Repetiergewehr, in der Artillerie zu Hinterlader einheitlichen Kalibers mit Gussstahlrohren und neuer Verschlusstechnik, in der Marine vom Holzrumpf zum gepanzerten Eisenkörper und zum Stahlschiff, vom Segel zum dampfgetriebenen Antrieb. Die einzelnen militärrelevanten Innovationen gruppieren sich auf den Verkehrs- und Eisenbahnbereich, in der Waffentechnik mit ihrer dramatischen Verstärkung der Feuer- und Zerstörungskraft und im Kommunikations- und Nachrichtenwesen. Die Folgen der Transportrevolution durch die Eisenbahn können nicht hoch genug eingeschätzt werden; bereits in der Revolution von 1848 hatte der massenhafte, schnelle und bequeme Transport von Truppen und Nachschub eine wichtige Rolle gespielt. Mobilmachungs- und Aufmarschzeiten konnten erheblich verkürzt und damit ein strategischer Vorteil gegenüber dem Gegner erzielt werden. In den 1860er Jahren setzte deshalb eine intensive Nutzung der Eisenbahn durch das Militär ein, der Große Generalstab unterhielt eine eigene Eisenbahnabteilung und mit der Gründung des Deutschen Reiches konnten mittels Militäreisenbahnordnungen die weiteren infrastrukturellen Voraussetzungen für die mittlerweile verstaatlichten Schienenwege geschaffen werden. Die Transport- korrespondiert mit der Kommunikationsrevolution. Die elektrische Telegraphie, später Fernsprechsystem und dann drahtloser Funkverkehr begünstigten in entscheidendem Maße die operative Lenkung und den Einsatz der Truppen oder Schiffe; zudem gestalteten mittels eines weltumspannen-

Transport- und Kommunikationsrevolution

den Korrespondentennetzes sowie neuen Druck- und Distributionsverfahren die Printmedien den Krieg zum Medienereignis.

Hinterladergewehr von Dreyse

Die Umwälzungen der Waffentechnik erstreckten sich vor allem auf das Hinterladergewehr von Johann Nikolaus Dreyse (1787–1867). Bis weit in die Mitte des 19. Jahrhunderts hinein kämpften die Soldaten mit vorn zu ladenden Steinschlossgewehren aus dem 18. Jahrhundert, die nur notdürftig immer wieder verbessert worden waren. Die militärischen Anforderungen umfassten jedoch erstens die praktische Handhabung des Gewehrs, die möglichst einfach und auch im Liegen erfolgen sollte, zweitens eine große Reichweite, drittens eine hohe Treffgenauigkeit, sowie viertens ein rasches Nachladen und damit eine schnelle Schussfolge. Die damit verbundenen technischen Probleme wurden gelöst mit dem Zündnadelsystem, bei dem die Zündung der Patrone nicht durch Schlag, sondern durch Stich mit einer Nadel erzielt wurde. Die Papiereinheitspatrone wurde bald von der Metallpatrone abgelöst und der Schlagbolzen wurde eingeführt. Mit einem Magazin konnte die Schussfolge erhöht werden – ehe gegen Ende des Jahrhunderts Maschinengewehre eine neue Dimension schufen. Neben dem neuen Schloss und dem Zündsystem erlaubten vor allem die Gussstahlläufe, die eine Herabsetzung der Kalibergröße ermöglichten, und die maschinelle Bohrtechnik gleichmäßige Durchmesser. Erst in den 1860er und 1870er Jahren waren sämtliche Einheiten mit diesem neuen Gewehrtyp bestückt worden; längst nicht immer gingen technische Innovation und militärische Anwendung Hand in Hand. Es fehlte hierbei nicht nur an ausreichenden Finanzmitteln für den raschen und umfänglichen Kauf neuer Waffensysteme, zugleich hatten starke Widerstände innerhalb des in großen Teilen innovationsfeindlichen und Veränderungen ungern hinnehmenden Offizierkorps, das sich gegen Neuerungen oft widersetzte, weil sie lieb gewordene Gewohnheiten bedrohten, wiederholt zu erheblichen Verzögerungen geführt. Erst gegen Ende der 1880er Jahre erfolgte Schritt für Schritt Anschluss an den technischen Stand der materiellen Rüstung.

Die Umstellung der Gewehre und auch die technische Neuformierung der Artillerie auf maschinelle Fertigung in großer Stückzahl bei einheitlichen Kalibern begünstigte die Entstehung einer privaten Rüstungsindustrie spätestens seit den 1860er Jahren. Einige Unternehmen wurden bald zu global agierenden Wirtschaftsimperien; allen voran ist der Kruppkonzern zu nennen, der in der Waffentechnik führend wurde. Mit der Hochrüstung in den 1880er und 1890er Jahren verwoben sich außen-, innen-, finanz- und industriewirtschaftliche Probleme zu einem großen Netz. Zwischen Armee, Regierung und den Großkonzernen ent-

Militärisch-industrieller Komplex

wickelte sich bald ein militärisch-industrieller Komplex. Die nach 1890 einsetzende Flottenrüstung hat dem allgemeinen Rüstungswettlauf enormen Vorschub geleistet und der monopolbeherrschten Rüstungsindustrie gewaltige Auftragsvolumen beschert. Demgegenüber spielten die gleichsam in der Tradition der halbstaatlichen Manufakturen des 18. Jahrhunderts stehenden staatlichen Betriebe eine immer geringere Rolle, blieben aber bis zum Ersten Weltkrieg bestehen. Zu nennen sind etwa die Gewehrfabriken in Spandau, Erfurt, Danzig und Amberg; Werkstätten, die zum Beispiel Pulver, Lafetten, Protzen und Geschosse herstellten, in Spandau, Danzig, Lippstadt, Dresden, München und Straßburg; Zünder und Leuchtmunition wurden in Siegburg, Ingolstadt, Spandau und Bautzen produziert.

3.6 Militär und Gesellschaft

Obwohl die Umwälzungen in den Jahren 1790 bis 1820 bereits auf drastische Weise das Verhältnis von Militär und Gesellschaft auf eine neue Grundlage gestellt hatten, bewirkten doch erst die fundamentalen Veränderungen der folgenden Jahrzehnte eine nachhaltige dramatische Wandlung dieses Verhältnisses. Vor allem die Revolution von 1848 wirkte dabei als Wasserscheide. Im Vormärz hatte man in Bürgertum und Viertem Stand das Militär noch mehrheitlich kritisch beäugt, viele es als innenpolitischen Gegner im Kampf um Verfassung und Demokratie gesehen oder doch zumindest in der Tradition des 18. Jahrhunderts ignoriert und aus dem eigenen Alltag und Denken ausgeblendet. Daran änderten auch die glorifizierten Erinnerungen an die Freiheitskriege wenig, auch wenn es in vielen Städten zur Gründung von Veteranenvereinen gekommen war. Zum einen war die Anzahl dieser Vereine überschaubar und deren Wirkungskreis begrenzt, zum anderen stand die Begeisterung über den militärischen Erfolg der Jahre 1813 bis 1815 stets konträr zur innenpolitischen Entwicklung. Staat, Militär und Gesellschaft wurden durchaus noch als Gegenpole begriffen.

Wasserscheide von 1848

Erst mit dem doppelten Siegeszug des Militärs, das zunächst seine inneren Gegner 1848/49 und dann noch einmal im Rahmen der Roonschen Heeresreform und im Verfassungskonflikt in den späten 1850er und frühen 1860er Jahren bezwang, dann seine äußeren Gegner in den Jahren 1864, 1866 und 1870 besiegte, änderte sich dies schlagartig. Diese einzigartige Kette von Siegen, vor allem der Triumph über den Symbolgegner Frankreich, der im Gegensatz zu den Freiheitskriegen ohne den Einsatz bürgerlicher Milizen oder Landwehreinheiten errun-

Doppelter Siegeszug des Militärs

gen wurde, sowie die mit den Bajonetten der Soldaten herbeigeführte Reichsgründung 1871, führten zu der eigentümlichen Verschmelzung von Staat und Militär, zu einer Aussöhnung von Bürgertum und Militär und zu einer neuen Form der sozialen Militarisierung breiter Bevölkerungskreise.

Paradigmatisch für diese Wandlung ist etwa die Umwertung des preußischen Generals Friedrich von Wrangel (1784–1877). Wurde dieser als Stadtkommandant von Berlin, der 1848 die Nationalversammlung auflöste und die demokratische Bewegung in Preußen damit beendete, zunächst in der Presse mit seiner antiparlamentarischen Grundhaltung und seinem rüden militärischen Vorgehen heftig kritisiert, so schlug die öffentliche Meinung nur wenige Jahre später um: Aus dem negativ besetzten Bild des reaktionären „Marschall Druf“ wurde der positiv konnotierte schrullige und rüstige Kriegsheld „Papa Wrangel“.

Die Wirkung dieser wichtigen Ereignisse und Doppelerfolge des Militärs nach 1848 für die veränderte Wahrnehmung von Krieg und Militär und das Verhältnis der bewaffneten Macht zur Gesellschaft war auch deshalb so nachhaltig, weil schon bald nach 1815 das Militär über eine ganze Reihe von Instrumentarien in die Bevölkerung einwirken konnte. Das wohl wichtigste Instrument bildet die Wehrpflicht, die, zunächst nur partiell umgesetzt und auch nur auf einzelne Länder wie Preußen beschränkt, bald einen immer größer werdenden Kreis junger Männer für mehrere Jahre dem Leben in der Kaserne und auf den Übungsplätzen aussetzte. Vor allem nach 1850 und dann nach 1870 hatte sich dieser Zugriff Zug um Zug erweitert, so dass nur noch wenige Ausnahmen zugelassen wurden; freilich gab es auch weiterhin keine umfassende Einziehungspraxis wie sie etwa die nationalsozialistische Wehrmacht seit 1935 betrieben hatte.

Militär und Wehrpflicht

Militär und Schule

Mit der Errichtung des Instituts der Einjährig-Freiwilligen und der Schaffung der Reserveoffizierlaufbahn wurde zudem das Schulwesen den Bedürfnissen des Militärs angepasst und somit bereits die Schüler militärischen Vorstellungen und Erfordernissen unterworfen. Hintergrund dieser Entwicklung war die Kopplung für die Zulassung zum einjährigen Dienst an bestimmte Bildungsvoraussetzungen. Um den begehrten Berechtigungsschein („Einjährigenschein“) zu erhalten, waren – meist in einer bestimmten Kombination – entweder die erfolgreiche Absolvierung einer qualifizierten Klassenstufe, der Abschluss an einer höheren Schule oder das Bestehen einer gesonderten Prüfung vor einer Kommission, die auch aus Offizieren bestand, erforderlich. Die Möglichkeit des Erwerbs des Einjährigenscheins wurde so attraktiv, dass Schulen damit bei den Eltern gezielt warben und Schulleiter die

Aufnahme ihrer Anstalt in den Kreis dieser bevorrechtigten Schulen beantragten.

Einjährig-Freiwilligen-Institut

Am Ende des 19. Jahrhunderts war das Einjährig-Freiwilligen-Institut zu einer derart einschneidenden wichtigen sozialen und bildungssoziologischen Einrichtung geworden, dass sie erhebliche Konsequenzen im gesamten höheren Schulsystem nach sich zogen. Das „Einjährige“, ursprünglich als Entgegenkommen für die Gebildeten im Sinne der Militärreformer zu Beginn des Jahrhunderts gedacht, wurde nunmehr ein Zertifikat für schulische Bildung schlechthin. Verschiedene Berufe verlangten das entsprechende Berechtigungszeugnis als Zulassungsvoraussetzung. Auf den neunklassigen Schulen konnte der Einjährigenschein ohne besondere Prüfung relativ bequem ersessen werden, brachte ein gewisses Ansehen und dazu Bequemlichkeiten im Militärdienst mit sich. Schulischer Erfolg und soziale Distinktion verbanden sich hier in unheilvoller Weise mit der Faszination der militärischen Welt. Doch die Schüler und jungen Männer standen nicht nur durch Schulsystem und Wehrpflicht im Bann des Militärs; militärische Ansichten und Gepflogenheiten wurde ihnen auch von Ehemaligen, die nach ihrem aktiven Dienst in ziviler Stellung tätig waren, nahe gebracht.

Zwar hatte es schon im 18. Jahrhundert etwa durch den preußischen König Friedrich II. den gezielten Einsatz ehemaliger Soldaten und Unteroffiziere in der niederen Verwaltung zum Schutz der Invalidenkasse gegeben, doch erst mit der massenhaft praktizierten regulären Versorgungsregelung seit der zweiten Hälfte des 19. Jahrhunderts änderten sich die Rahmenbedingungen erheblich. Nunmehr waren auch nichtinvalide Unteroffiziere nach zwölf Jahren Dienstdauer berechtigt, eine Stellung in der Zivilverwaltung anzunehmen. Als 1874 eine entsprechende Gesetzesnovelle erlassen wurde, schwoll die Zahl der Langgedienten, die nach ihrer Verabschiedung in die unteren Dienstposten der Verwaltung einrückten, deutlich an. Im Interesse der Armee wurde die Regelung gegen alle Kritik beibehalten und ständig ausgeweitet, so dass schließlich die Anstellung von Zivilbewerbern im Staats- und Kommunaldienst auf der unteren Ebene nahezu völlig, auf der mittleren stark blockiert war. Die notwendige Folge wurde als Vorzug angesehen, da die militärische Disziplin mit ihrer Gewöhnung an Ordnung, Pünktlichkeit und promptes Gehorchen als hervorragende Eigenschaften für untere Beamte gesehen wurde. Diese Männer brachten vom Militär das Denken in festen sozialen Kategorien mit. In ihrer Auffassung von Staatsordnung musste die Verwaltung somit als Vorhof oder Unterbau der Armee erscheinen.

Soziale Militarisierung

Die Übertragung militärischer Denkmuster in das zivile Leben – die soziale Militarisierung – konnte nur möglich werden, weil sie von ziviler Seite überwiegend akzeptiert wurde, weil sie auf sozialen Gegebenheiten beruhte, die die Prädominanz des Militärs garantierten und immer neu produzierten. Das Offizierkorps als erster Stand im Staat ist in Stil, Haltung, Sprech- und Denkweise von bürgerlichen Gruppen und akademischen Kreisen imitiert und kopiert worden. Die Symbolfigur dieses Vorgangs wurde der Reserveoffizier. An ihm zeigt sich das Verblassen der politischen Kultur des klassischen Liberalismus in der Phase der nationalen Euphorie, der bonapartistischen Schachzüge Bismarcks und später in den Jahrzehnten imperialistischer Kraft- und Machtbesessenheit. Er wurde seit den 1880er Jahren nicht nur zum Agenten militärischen Denkens und Handelns in der zivilen Welt, er personifizierte auch die scheinbare Aussöhnung von Militär und Gesellschaft, indem es dem gebildeten Bürger erlaubt war, am Erfolg und schönen Schein des Militärs teil zu haben.

Kriegervereine und Reservistenverbände

Die Begeisterung für das Militär zeigte und manifestierte sich an den nach 1870 massenhaft wie Pilze aus dem Boden schießenden Kriegervereinen und Reservistenverbänden. Hier pflegte man vor dem Hintergrund einer konservativen Grundeinstellung mit antisozialistischen Affekten militärisches Brauchtum und militärischen Umgang und feierte die eigene Militärzeit oder den verklärten Einsatz in den Einigungskriegen. Das Militär und die von ihm errungenen Siege spielten im öffentlichen Festkalender eine entscheidende Rolle. Selbst bei kleinsten Anlässen inszenierte sich die bewaffnete Macht in glänzender Selbstdarstellung, nationale und militärische Symbole waren dabei eng miteinander verwoben. Bei Paraden und Aufmärschen wurden die Städte und Straßen geschmückt und die Soldaten vom Publikum begeistert gefeiert. Die Prägung des Militärischen im öffentlichen und privaten Raum war unübersehbar. Vor allem der Sedantag, der den Sieg über Frankreich 1870 symbolisierte, geriet bald zu einem nationalen Feiertag, an dem in fataler Weise Reichsgründung und militärischer Sieg in einem Sinnzusammenhang manifestiert wurden.

Es war jene unheilvolle Vermengung politischer und verfassungsrechtlicher Faktoren und der nie erfolgten Verbürgerlichung und Einhegung des Militärs, die, zusammen mit einer Militarisierung und Verobrigkeitlichung der Bevölkerung – trotz aller Modernität im ökonomischen und technischen Bereich – erhebliche Verzögerungen in der Weiterentwicklung gesellschaftlicher und politischer Prozesse zeitigte. Die Verantwortlichen suchten deshalb am Vorabend des Ersten Weltkrieges ihr Heil in dem Vabanquespiel einer bald global sich ausweitenden kriegerischen Auseinandersetzung. Die alten Eliten an den Schaltzentralen der Macht hatten sich in die Enge gedrängt gefühlt, wähnten sich umzingelt von einem vermeintlichen inneren Feind, nämlich vor allem von der SPD und der Arbeiterschaft, die auf politische Mitbestimmung und Demokratisierung drängten, und glaubten sich isoliert in Europa, bedroht von äußeren Gegnern aufgrund einer dilettantischen Außenpolitik. Wie in den Jahrzehnten zuvor erhofften sie sich vom Militär eine Lösung der selbst verschuldeten innen- und außenpolitischen Probleme. Gerade die schnellen Siege 1864, 1866 und 1870 hatten bei den Verantwortlichen trotz aller Warnungen und Indizien zudem die gefährliche Illusion geweckt, wiederum mit einem kurzen, begrenzt geführten Krieg gewinnen zu können.

Die großen Kräfte des 19. Jahrhunderts, Industrialisierung und Nationalismus, die Bevölkerung und Volkswirtschaft in nie da gewesener Weise für kriegerische Ziele zu erfassen vermochten, entfalteten ihre zerstörerische Wirkung in einem zweiten Dreißigjährigen Krieg.

II. Grundprobleme und Tendenzen der Forschung

1. Das Fach Militärgeschichte

Während sich viele andere Bände dieser Reihe mit sachthematischen Gebieten beschäftigen, so dass ein problemorientierter Forschungsüberblick genügt, muss vorliegende Publikation sowohl dem Thema „Militär und Gesellschaft im 19. Jahrhundert" im engeren Sinn als auch der Subdisziplin „Militärgeschichte" in allgemeiner und historiographischer Hinsicht Rechnung tragen.

Entwicklung des Fachs Militärgeschichte

Forschungsstand und Forschungsdiskussionen fußen unmittelbar auf den spezifischen Entwicklungen des Faches Militärgeschichte, den damit verbundenen thematischen und konzeptionellen Angeboten und vor allem der jeweiligen sektoralen Wahrnehmung militärgeschichtlich relevanter Themen durch die allgemeine Geschichtswissenschaft. Wenn sich auch schon im späten 18. und dem frühen 19. Jahrhundert vornehmlich aktive oder ehemalige Militärs mit einzelnen Kriegen beschäftigt haben wie etwa Johann Wilhelm Archenholz (1743–1812), Johann Friedrich von der Decken (1769–1840) oder Anton Balthasar König (1753–1814), liegen die Ursprünge einer systematischen Beschäftigung mit den Formen organisierter Gewalt und bewaffneter Macht im 19. Jahrhundert, als Generalität und Militärverwaltung aus dem Geist der Reformzeit heraus begannen, im Rahmen einer wissenschaftlichen militärischen Ausbildung der Offiziersanwärter und Generalstabsoffiziere Kenntnisse vergangener Kriegstheorien, taktisch-operative Planung und Durchführung sowie Strategiedebatten zu vermitteln. Mit der Gründung eigener kriegsgeschichtlicher Abteilungen unter Federführung der jeweiligen Generalstäbe innerhalb der deutschen Staaten im Laufe des 19. Jahrhunderts setzte eine gewisse Professionalisierung von Ausbildung und Forschung ein. Bald dominierend im Reich wurde die 1816 gegründete Kriegsgeschichtliche Abteilung des Großes Generalstabs in Preußen bzw. in Preußen-Deutschland. Die Kriegsgeschichtliche Abteilung in Berlin war organisatorisch direkt dem Chef des Generalstabs unterstellt, sie unterhielt eine eigene

Kriegsgeschichtliche Abteilungen der Generalstäbe

Bibliothek und ein eigenes Archiv. Zählt man die Zivilangestellten, die nur zur Ausbildung für zwei Jahre abkommandierten jungen Offiziere sowie die pensionierten Offiziere zu den hauptamtlich tätigen Offizieren hinzu, so umfasste die Abteilung kurz vor dem Ersten Weltkrieg nahezu einhundert Personen. Allein mit diesen personellen und materiellen Ressourcen erlangte die Abteilung unter allen vergleichbaren Einrichtungen im Deutschen Reich eine Ausnahmestellung. Die Produktionsrate an Publikationen war denn auch immens, die Masse der Einzelschriften, Schriftenreihen, Quelleneditionen und Zeitschriften schier erdrückend. Die thematisch-konzeptionelle Ausrichtung dieser als „Kriegsgeschichte" verstandenen Disziplin umfasste die Darstellung der Kriege und Feldzüge aus dem 18. und 19. Jahrhundert, die ausschließlich hinsichtlich Taktik und Strategie unter Auslassung nahezu aller nichtmilitärischen Faktoren erfolgte. Man könnte, um den Mangel der historischen Einbettung damit sprachlich offen zu legen, statt von Kriegsgeschichte von Kriegskunde sprechen. Besonderes Augenmerk lag auf den friderizianischen Kriegen, im Vergleich dazu wurden die Kampfhandlungen des 19. Jahrhunderts nur zögerlich und weniger ausführlich behandelt. Die Forschungs- und Publikationstätigkeit richtete sich nach der applikatorischen, nicht der historisch-kritischen Methode. Gleichwohl wurden die Publikationen zum Ende des Kaiserreichs hin zunehmend einem dynamischen Prozess der teilweisen Angleichung an formale fachwissenschaftliche Kriterien und aufwendige Arbeitstechniken unterworfen.

Kriegsgeschichte

Die Werke der Abteilung dienten dem Zweck der Ausbildung der Offiziere an den Kriegsschulen und galten als wichtiger Beitrag zur Traditionsbildung und geistigen Rüstung der Männer, die Werke genossen amtlichen Status, die Ergebnisse wurden kanonisiert. Sie entwickelten somit einen ambivalenten Charakter, der zwischen dem eines Mediums taktischer Ausbildung und dem eines Diskussions- und Publikationsforums politischer Auffassungen oszillierte.

Selbststilisierung und Deutungsmonopol

Aufgrund der herausragenden Stellung des kaiserlichen Militärs in Staat und Gesellschaft konnte die Kriegsgeschichtliche Abteilung zur Selbststilisierung der bewaffneten Macht genutzt werden; zugleich beanspruchte der Generalstab ein Deutungsmonopol in kriegsgeschichtlichen Fragen und leitete diesen Anspruch von berufspraktischen Erfahrungen und seinem funktionselitären Selbstverständnis her ab. Nur wer auch selbst Schlachten geschlagen habe oder zumindest über die militärische Ausbildung potenziell dazu in der Lage sei, könne, so der eherne Grundsatz der uniformierten Schreiber, darüber auch schreiben und urteilen. Diese heute recht skurril anmutende Vorstellung wurde damals weder von der Gesellschaft noch von den Historikern grundsätzlich angezweifelt. Insbesondere im Kaiserreich, aber auch noch in den 1920er Jahren, weigerte sich die etablierte universitäre Geschichtswissenschaft, militärgeschichtliche Themen als allgemeinhistorisch relevante Bereiche anzuerkennen. Dass Hans Delbrück (1848–1929), einer der wenigen, der versuchte, Militärgeschichte an den Universitäten zu behandeln und in der Tradition von Carl von Clausewitz (1780–1831) das Beziehungsgeflecht von Krieg und Politik zu erforschen, in den 1880er Jahren deshalb als Außenseiter behandelt wurde, spricht für sich [75: B. R. KROENER, Kriegsvolck; 66: W. DEIST, Delbrück; 64: A. BUCHOLZ, Delbrück]. Erschien dem Generalstab bereits grundsätzlich die Beschäftigung militärgeschichtlicher Themen durch zivile Historiker suspekt, so musste eine kritische Sicht auf das Militär und dessen Vernetzungen zu Gesellschaft, Politik und Wirtschaft geradezu auf erbitterten Widerstand stoßen. Ludwig Quidde (1858–1941), der in den 1890er Jahren den Militarismus im Deutschen Reich beklagte, oder Eckart Kehr (1902–1933), der in den 1920er Jahren die Marinerüstung vor 1914 untersuchte und dabei die Verflechtung von Flottenpolitik und ökonomischen Interessen offen legte, wurden nicht nur angefeindet, sondern brachten sich mit ihren Publikationen auch um die Aussicht auf einen Lehrstuhl.

Es war jene unheilvolle Allianz aus uniformierten Kriegshistorikern auf der einen und den dem konservativen Nationalstaatsprinzip verpflichteten etablierten Universitätshistorikern auf der anderen Seite, die an einer Thematisierung und wissenschaftlichen Betrachtung militärgeschichtlicher Themen oder gar der Dekonstruktion militärischer Gewalt kein Interesse hatten. Eine Erörterung militärischer Niederlagen, die historisch-kritische Analyse und damit die Offenlegung strategischer und taktischer Fehlentscheidungen von Herrschern und Generalen, die Thematisierung von Versäumnissen bei Rüstung und Nachschub oder die Analyse der negativen sozialen und wirtschaftlichen Konsequenzen durch Präsenz und Aufbau des militärischen Apparates hätte – unabhängig von der untersuchten Epoche – nicht nur das Ansehen des Militärs im Kaiserreich geschädigt, sondern auch die auf dem Militär fußende politisch-soziale Ordnung in Frage gestellt.

Mit einer Reihe von scharf und erbittert geführten Kontroversen wurde um die Deutungshoheit gerungen. Bezeichnenderweise ging es in den 1880er Jahren zwischen Delbrück und seinen Gegnern um die Historisierung und damit Kritisierung der strategischen Konzepte Friedrichs II., während in den späten 1930er Jahren der Funktionszusammenhang von Politik und Kriegführung kontrovers diskutiert wurde.

Wehrgeschichte

Unter den Nationalsozialisten wurde die Militärgeschichte als „Wehrgeschichte" in das völkische Deutungsmuster gestellt und für politische Zwecke dienstbar gemacht. Eine ganze Reihe jüngerer Historiker, die nach dem Ersten Weltkrieg im Sinne Delbrücks oder auch Karl Demeters (1889–?) den Versuch unternahmen, die Militärgeschichte in den breiteren Rahmen der Politik-, Wirtschafts- und Sozialgeschichte zu integrieren, wurde im Dritten Reich in die Emigration gezwungen.

MGFA und MGI und die fatale Arbeitsteilung

Nach dem Zweiten Weltkrieg fand mit dem 1957 gegründeten Militärgeschichtlichen Forschungsamt (MGFA) in Freiburg/Breisgau, jetzt Potsdam, in der Bundesrepublik und dem Aufbau des nach 1990 aufgelösten Potsdamer Militärgeschichtlichen Instituts der DDR (MGI) die im Kaiserreich begonnene fatale Arbeitsteilung einer Militärgeschichte ihre Fortsetzung, in der sich der zivile, universitär angebundene Forscher weder mit dem militärischen Apparat insgesamt noch mit einzelnen Kriegen oder Gewalttaten beschäftigte und in der militärgeschichtliche Themen wiederum nahezu ausschließlich von Uniformträgern oder von Historikern im Geschäftsbereich militärischer Institutionen erforscht werden. Daran änderte auch die Tatsache nichts, dass zumindest das MGFA sich im In- wie im Ausland großen Zuspruchs erfreute, dass ein libertärer Geist die Amtsstuben durchzog, dass neben den schreibenden Offizieren auch etliche zivile Forscher beschäftigt wurden und dass das Amt mit einem neuen Konzept von Militärgeschichte arbeitete. In bewusster Abkehr von den Konzepten der Kriegsgeschichte und der Wehrgeschichte wurde vor dem Hintergrund einer Erschließung verfassungs-, wirtschafts- und sozialgeschichtlicher Fragestellungen und basierend auf der historisch-kritischen Methode das Konzept einer Militärgeschichte entwickelt, in der vor allem zwei thematische Zugänge dominieren sollten: Einerseits die Erforschung des Militärs als soziale Großgruppe, was sowohl in Makroperspektive die Organisationsformen und kollektives Handeln der bewaffneten Macht als auch in Mikroperspektive durch kleinräumige Untersuchungen die Rekonstruktion der Lebenswirklichkeit des dem militärischen Regulativ unterworfenen Individuums einschloss; andererseits die Wechselwirkungen des militärischen Apparates mit politischen, gesellschaftlichen und ökonomischen Faktoren im Krieg wie im Frieden [93: R. Wohlfeil, Wehr-, Kriegs- oder Militärgeschichte, 28 f.].

Konzept einer Militärgeschichte nach 1945

MGFA

In den Jahren und Jahrzehnten seit seiner Gründung hat das MGFA eine enorme Publikationstätigkeit an den Tag gelegt, hat mit Handbüchern, vor allem der mehrbändigen Deutschen Militärgeschichte [44: Militärgeschichtliches Forschungsamt], aber auch mit den für den Unterricht konzipierten Grundzügen der Militärgeschichte [47: K.-V. Neugebauer, Grundzüge] sowie gleich mehreren Schriftenreihen und Zeitschriften, von denen die Militärgeschichtliche Zeitschrift, vormals Militärgeschichtliche Mitteilungen, besonders herausragt, und schließlich einer ganzen Reihe von nationalen und internationalen Tagungen eine Vielzahl neuer Erkenntnisse und Einblicke ermöglicht. Der thematische Schwerpunkt lag lange Zeit auf der Erforschung des Zweiten Weltkrieges mit den entsprechenden Voruntersuchungen zur Reichswehr. Demgegenüber haben Erster Weltkrieg und die Geschichte des kaiserlichen Militärs eine deutlich geringere Rolle gespielt; das frühe 19. Jahrhundert oder gar die Frühe Neuzeit blieben ohnehin nur am Rande im Blickfeld des Interesses. Seit etwa zehn Jahren fokussiert die Amtsleitung den Forschungsschwerpunkt auf die Nachkriegszeit, auf die Geschichte von Bundeswehr und Nationaler Volksarmee sowie auf die Grundzüge internationaler Sicherheitspolitik.

Trotz dieser beachtlichen Erfolge des MGFA, trotz des großen nationalen und internationalen Renommees dieser Einrichtung und trotz der im Vergleich zu den problematischen militärisch-historiographischen Traditionen in Kaiserreich und Drittem Reich geradezu „sensationellen, ja revolutionären Entwicklung" [92: W. Wette, Militärgeschichte, 62] verhinderten die Rahmenbedingungen eine weitergehende Liberalisierung und Pluralisierung. Es wurde eben kein unabhängiges wissenschaftliches Institut für Militärgeschichte, sondern ein militärisch eingebundenes, den Direktiven des Verteidigungsministeriums unmittelbar unterliegendes und von einem Berufsoffizier geführtes Forschungsamt installiert. Damit bewegte sich das Amt im Spannungsfeld zwischen der vom Grundgesetz garantierten und vom Ministerium auch immer wieder bekundeten Freiheit von Wissenschaft und Forschung auf der einen, den amtlichen Auftragsvergaben, ja dem legitimen Interesse des Geldgebers nach für ihn nutzbaren, vor allem für die Ausbildung der jungen Offiziere oder überhaupt für Bildung, Außendarstellung und Traditionsbildung der Truppe zu verwertenden Ergebnissen auf der anderen Seite. Das Pendel dieser divergierenden Interessenlagen scheint in den letzten Jahren in Zeiten knapper öffentlicher Kassen und neuer Anforderungen und Einsatzbereiche der Bundeswehr stärker in die Richtung des Aufgabenprofils einer gelehrten Politikberatung zu schlagen. Eine Folge des Amtscharakters und der besonderen Struktur und Aufgabenstellung des MGFA war die nur bedingte und verzögerte Aufnahme der an den Universitäten diskutierten neuesten erkenntnistheoretischen und methodologischen Entwicklungen [94: R. Wohlfeil, Militärgeschichte, 330]. Sicherlich, das in den späten 1950er und in den 1960er Jahren entwickelte Konzept der Militärgeschichte brachte viel Neues und brach mit einer unguten Tradition aus dem 19. Jahrhundert. Freilich ergaben sich sowohl bei der Umsetzung des Konzeptes als auch bei dessen notwendiger Weiterentwicklung enge Grenzen, auf die noch zurückzukommen sein wird.

MGI

Auch in der ehemaligen DDR wurde im Zuge der Wiederbewaffnung in den 1950er Jahren das Fach Militärgeschichte eingerichtet und in die Regie des militärischen Apparates übergeführt. Aus verschiedenen Arbeitsgruppen ging 1958 das in der Verantwortung der Nationalen Volksarmee stehende MGI hervor. Auch dort wurde zunächst um ein neues Konzept von Militärgeschichte gerungen, um sich von den älteren Zugängen zu lösen. „Nicht mehr der Krieg, im wesentlichen begrenzt auf sein Hauptmerkmal, den bewaffneten Kampf, sondern der Krieg als Produkt gesellschaftlicher Verhältnisse und Fortsetzung der Politik gesellschaftlicher Kräfte, nicht mehr nur die Streitkräfte im bewaffneten Kampf, sondern darüber hinaus ihr Platz und ihre Rolle als Teil und inmitten der Gesellschaft in den Zeiten des Krieges wie des Friedens" sollte von nun an im Vordergrund stehen [63: R. Brühl, Neubeginn, 306 f.].

Militärgeschichte unter marxistisch-leninistischen Vorzeichen

Die militärgeschichtliche Forschung stand ganz im Bann des teleologischen marxistisch-leninistischen Geschichtsansatzes und war eingebunden in die politischen Vorgaben und Lenkungsmechanismen des Regimes, das Geschichtsbild und Geschichtswissenschaft gezielt zur Legitimation des Systems einsetzte. Damit war die Militärgeschichtsschreibung der DDR nicht nur den unmittelbaren Erkenntnis- und Anwendungsinteressen der militärischen Führung, sondern auch und vor allem den politischen Konjunkturen der DDR-Führung unterworfen. War zu Beginn der DDR noch die so genannte Miseretheorie maßgeblich, so dominierte schon bald die Zwei-Linien-These, nach der die Bundesrepublik die reaktionäre, die DDR die progressive Entwicklungslinie verkörpere. In den 1980er Jahren wurde schließlich das Konzept von Erbe und Tradition kanonisiert. Unter Erbe wurde die gesamte Geschichte in ihrer ganzen Widersprüchlichkeit, unter Tradition diejenigen historischen Entwicklungslinien begriffen, auf denen die DDR beruhe und die sie deshalb bewahre. Vor diesem Hintergrund erhielten eine ganze Reihe von Persönlichkeiten auch aus dem militärischen Milieu, die zuvor als reaktionäre Geister heftig kritisiert worden waren, eine positive Zeichnung. Ob diverse Generale aus dem Umfeld der preußischen Könige, ob Friedrich II. oder Bismarck, neu war nicht nur die intensive Beschäftigung mit diesen Personen, sondern auch deren umfängliche Neubewertung: So galten viele trotz der „Tragik ihrer Klassenposition" als bürgerlich-progressiv. Für das 19. Jahrhundert spielten deshalb bald die Preußischen Militärreformen nach 1806 eine wichtige Rolle, da sich DDR- und NVA-Führung ausdrücklich auf die Traditionen dieser Reformtätigkeiten beriefen und etwa die höchste militärische Auszeichnung des Landes nach Scharnhorst, einem der Reformer, benannten.

Das MGI war ähnlich wie das MGFA personell und materiell üppig ausgestattet, trat mit zahlreichen Buchpublikationen, Schriftenreihen und Periodika hervor; während jedoch der Plan eines Handbuchs, einer mehrbändigen Militärgeschichte, nicht mehr umgesetzt werden konnte, gelang es immerhin, ein zweibändiges Wörterbuch zur Militärgeschichte [45: Militärgeschichtliches Institut, Wörterbuch] der Öffentlichkeit vorzulegen.

Versäumnisse der universitären Forschung

Möglicherweise hat die Präsenz dieser militärisch organisierten Forschungseinrichtungen den Universitätshistorikern lange Zeit als Feigenblatt gedient, sich in den beiden deutschen Nachkriegsstaaten mit den Themen Krieg, Gewalt und Militär bis in die 1990er Jahre hinein völlig unzureichend zu beschäftigen. Wohl von nachhaltiger Wirkung war zudem, dass die in den 1930er und 1940er Jahren sozialisierte Historikergeneration – sei es, weil etliche Vertreter unmittelbar oder mittelbar mit dem Dritten Reich verstrickt waren, sei es, weil sie vom Krieg und den Verbrechen des NS-Regimes physisch und psychisch gezeichnet waren – von dieser Thematik nach 1945 bewusst Abstand genommen haben. Aufgrund der spezifischen Systembedingungen der Geschichtswissenschaft verfestigte und verstetigte sich dieses Manko infolge des Fehlens von Lehrstühlen mit entsprechender Zuschreibung und den damit einher gehenden Ausbildungsdefiziten der Studierenden. Da es in der alten Bundesrepublik keinen ordentlichen Lehrstuhl für Militärgeschichte gab, unterblieb für viele Jahrzehnte eine Aufwertung des Faches und die intensive Beschäftigung des Themas über Lehre und Ausbildung.

Weder wurde in Handbüchern und Überblicksdarstellungen, die das 19. Jahrhundert umfassen, ausreichend – zum großen Teil sogar überhaupt nicht – auf die Faktoren Militär und organisierte Gewalt eingegangen, noch einzelne Kriege thematisiert. Allenfalls wurde die jeweilige Vor- und Nachgeschichte des Krieges und dessen diplomatische und politische Implikationen beschrieben. Darüber hinaus wurde stark auf das letzte Viertel des Jahrhunderts fokussiert und diese Zeit lediglich als Vorgeschichte des Ersten Weltkrieges wahrgenommen. Die Folgen dieses Versäumnisses waren unübersehbar. Weder wurde der

Krieg als historisches Ereignis, noch kriegerische Gewalt als soziale und kulturelle Praxis oder das Militär als politische, gesellschaftliche und ökonomische Formation erfasst. Damit blieben nicht nur elementare Abschnitte der Gesamtgeschichte ausgeblendet, zugleich fehlte für die wichtigen Forschungsdebatten wie die nach dem Sonderweg Deutschlands und der Militarisierung der preußisch-deutschen Gesellschaft die empirische Basis.

„Neue Militärgeschichte“ seit den 1990er Jahren

Das Schmuddelkindimage der Militärgeschichte fand in den 1990er Jahren sein Ende, als ein beispielloser Boom an den Hochschulen einsetzte, der rasch zu einem regelrechten Ansturm auf militärgeschichtliche Themen führte. Schon bald war die Distanz zwischen der Universalhistorie und der Militärgeschichte so weit aufgelöst, dass ein entsprechendes Themenangebot in Seminaren und Vorlesungen an den Universitäten üblich wurde und dass sich unzählige Examens-, Doktor- und Habilitationsarbeiten mit der Thematik befassten. Arbeitskreise und wissenschaftliche Vereinigungen mit bald mehreren hundert Mitgliedern wurden ins Leben gerufen, die mit Tagungen, Sammelbänden, Zeitschriften und anderen Aktivitäten auf sich aufmerksam machten. Zu den drei wichtigsten zählen der schon länger aktive Arbeitskreis Historische Friedensforschung (www.afk-web.de), der auf Alteuropa und die erste Hälfte des 19. Jahrhunderts zielende Arbeitskreis Militär und Gesellschaft in der Frühen Neuzeit (www.amg-fnz.de) sowie der auf das 20. Jahrhundert und das späte 19. Jahrhundert fokussierende Arbeitskreis Militärgeschichte (www.akmilitaergeschichte.de).

Die Gründe für diesen bemerkenswerten Wandel sind vielfältig. Erstens hat eine deutlich nach dem Zweiten Weltkrieg geborene Generation, die in den 1970er und 1980er Jahren sozialisiert wurde, eine weniger belastete, freilich nicht unkritische Haltung zu Krieg, Gewalt und Militär entwickeln können. Zweitens hat der weltumspannende, vor allem europäische politische Wandel seit den späten 1980er und frühen 1990er Jahren vermeintlich verlässliche Wahrheiten zerstört und die Deutschen, die es sich im Niemandsland der Blöcke bequem gemacht hatten, mit Krieg und Gewalt in unmittelbarer Nachbarschaft überzogen. Durch die neue globale Lage wurden überdies der Bundeswehr mit weltweiten Einsätzen ganz neue Aufgaben zugeteilt. Drittens hat die Öffnung des wissenschaftlichen Marktes, der Kampf um Marktanteile und Nischenhoheiten [80: D. Langewiesche, Kampf um Marktmacht], nun auch einen der letzten großen, bisher brach liegenden Sektoren der Geschichtswissenschaft erfasst, den es nun, nach den Eigenlogiken des Faches, in einer Art Wettlauf zu belegen und die besten Claims abzustecken gilt. Zeitlich parallel zu dieser Entwicklung an den Hochschulen, die mit der Einrichtung eines ordentlichen Lehrstuhls für Militärgeschichte an der Universität Potsdam ihre gleichsam institutionelle Aufwertung gefunden hat, reduzierte das MGFA seine Forschungspotenziale.

Erkenntnistheoretische und methodologische Modernisierung

Folge und Begleiterscheinung dieser auffälligen universitären Konjunktur war und ist die erkenntnistheoretische und methodologische Modernisierung und damit auch die konzeptionelle und themenspezifische Erweiterung des Faches. Aufgrund der jahrzehntelangen Isolierung der Militärgeschichtsschreibung, die sie zwangsläufig von den stürmischen Entwicklungen und theoretischen Debatten des Gesamtfachs im Großen und Ganzen fernhielt, hatten sich die Vorgaben des Amtes aus den 1950er und 1960er Jahren, über einen strukturgeschichtlichen Zugriff und über die Anwendung der historisch-kritischen Methode vorzugehen, bald als veraltet offenbart. Dies um so mehr, als die Techniken der Quellenbearbeitung weit über die Konstruktionsarbeit hinaus zu gehen haben: „In einem eng gefassten Verständnis der historischen Methode in der Militärgeschichte werden Spätfolgen eines professionellen Selbstverständnisses sichtbar, das die regulative Idee der wissenschaftlichen Objektivität vor allem an die Anhäufung einer möglichst großen Menge von Quellen gekoppelt hat und dabei zudem lange Zeit das offiziöse, dem militärischen Apparat entstammende Schrifttum privilegierte" [78: T. KÜHNE/B. ZIEMANN, Militärgeschichte, 19].

Neue Militärgeschichte

Die gerne auch in bewusster Abkehr zur bisherigen, nunmehr als „neue Militärgeschichte" bezeichneten Fachrichtung betritt in vielerlei Hinsicht Neuland: erstens durch die Heranziehung ganz neuer, vor allem militär- und verwaltungsferner, mithin weniger offiziösen Quellengattungen, zweitens durch die Berücksichtigung von im Gefolge der kulturalistischen Wende im Gesamtfach in den forscherlichen Fokus geratenen subjektiven Weltdeutungen, die sich in kulturhistorischen Phänomenen wie Wahrnehmung, Erinnerung und Erfahrung spiegeln, drittens durch die Übernahme methodisch aufwendiger erkenntnistheoretischer Verfahren, die etwa nach sprachlichen Codierungen und Identitätskonstruktionen fragen, viertens durch die Entlehnung theoretischer Konzepte etwa aus der Kulturanthropologie, der Soziologie und der Psychologie, wobei zum Beispiel die Ideen von Michel Foucault, Pierre Bourdieu, Norbert Elias oder Niklas Luhmann zur Anwendung kommen, und schließlich fünftens durch die thematische Erweiterung der Militärgeschichte, die sich nunmehr auch auf die Felder der Mikro- und Alltagsgeschichte, der Geschlechtergeschichte oder der Kulturgeschichte erstrecken.

Diese dynamische Entwicklung der letzten Jahre ist noch nicht abgeschlossen. Es bleibt abzuwarten, wie nachhaltig die jüngere und jüngste Forschergeneration das Feld weiter bearbeiten wird, ob das Gesamtfach dauerhaft die Forschungsergebnisse und neuen Einsichten in seinen Kanon aufnehmen wird oder ob die Militärgeschichte als Subdisziplin weiterhin ein, wenn auch nun deutlich aufgefrischtes Schattendasein führen wird. Während jedoch vor allem die militärgeschichtliche Forschung zur Frühen Neuzeit und zum 20. Jahrhundert bisher von diesem Boom profitieren konnte, droht das 19. Jahrhundert ein wenig von dieser Entwicklung abgekoppelt zu werden.

2. Militär und Krieg im langen 19. Jahrhundert

2.1 *Reform vor der Reform (1763–1789)*

Friedensutopien

Obwohl die Aufklärungsforschung ganze Bibliotheken füllt, hat sie die Thematik Krieg und Militär bisher nur am Rande behandelt. Zwar wurden, wie D. Hohrath völlig zu Recht hervorhebt [72: Spätbarocke Kriegspraxis, 5f.], in philosophischer und ideengeschichtlicher Perspektive vielbändig die großen Friedensutopien des Abbé von St. Pierre (Charles Iréne de Castel, 1658–1713) aus dem Jahre 1712 oder Immanuel Kant (1724–1804) aus dem Jahre 1795 untersucht oder die völkerrechtlichen Bemühungen der Aufklärer zur Regelung des zwischenstaatlichen Verkehrs und zur Einhegung militärischer Gewalt beschrieben. Die sozialgeschichtliche Sicht und vor allem die aktive Funktion der Militärgesellschaft im Prozess der Aufklärung wie auch das Militär als Ziel und Ort aufklärerischer Bemühungen und Reformvorschläge blieben jedoch fast immer außen vor. Dabei beteiligten sich Angehörige des Militärs, vor allem Offiziere, am Diskurs der Aufklärung, verfassten selbst Bücher oder Zeitschriftenartikel und waren Mitglieder aufgeklärter Sozietäten und Lesegesellschaften. Die schriftstellerischen Aktivitäten von Offizieren wurden in ersten Zugriffen erfasst [14: M. Jähns, Geschichte der Kriegswissenschaften; 96: O. Basler, Wehrwissenschaftliches Schrifttum; 140: U. Waetzoldt, Preußische Offiziere]; freilich besteht eine sehr hohe Dunkelziffer. Vor allem der praktische Alltag der militärischen Aufklärung spielte sich hauptsächlich auf der Ebene der Regimenter bzw. innerhalb der Garnisonsstädte ab, wo Offiziere entweder eigene Lesegesellschaften oder Militärlogen bildeten oder vorhandenen städtischen Einrichtungen beitraten. Immerhin, so resümiert H. T. Gräf, prägten „bürgerlich-urbane Kulturprakti-

Alltag der militärischen Aufklärung

ken" gegen Ende des 18. Jahrhunderts das Offizierkorps in zunehmender Weise [225: Militarisierung, 105]. Über die Auswertung von Subskribentenlisten erstens, über Mikrostudien von Garnisonsstädten, die ein entsprechendes soziales und intellektuelles Milieu in ihren Mauern beherbergten, zweitens, und drittens über den Vergleich bereits erarbeiteter prosopographischer Daten über Offiziere mit den Mitgliederlisten von Aufklärungsgesellschaften ließen sich weitere Einblicke gewinnen. Ein anderer Zugang besteht in der biographischen Untersuchung einzelner, an der Spätaufklärung partizipierender Offiziere, die oft bürgerlicher Herkunft waren und der Artillerie, der Waffengattung mit technisch-wissenschaftlichem Hintergrund, angehörten [19: J. Kunisch/M. Sikora/T. Stieve, Scharnhorst; 109: D. Hohrath, Bildung des Offiziers; 110: J. Hoffmann, Jakob Mauvillon; 112: O. Jessen, Mars mit Zopf; 129: E. Opitz, Berenhorst; 128: E. Opitz, Scharnhorst].

In direktem Zusammenhang mit den Aktivitäten der Offiziere stehen konkrete Maßnahmen und Reformvorschläge. Die Einrichtung von Regiments- und anderen Militärbibliotheken oder der Aufbau von Regiments- bzw. Garnisonsschulen und Militärakademien ist bislang nur oberflächlich untersucht worden; vor allem die ältere Literatur hat sich meist nur mit institutionsgeschichtlichen Aspekten begnügt [53: B. v. Poten, Geschichte; 105: R. Fritze, Militärschulen; 126: W. Neugebauer, Truppenchef]. Die damit einher gehende zunehmende Verwissenschaftlichung der militärischen Ausbildung hebt D. Hohrath heraus [72: Spätbarocke Kriegspraxis, 28–32]. Es seien eindeutig die militärtechnischen Wissenschaften um Ingenieurwesen und Artillerie, die den Nukleus der aufgeklärten Kriegswissenschaft bildeten; so lasse sich auch zeigen, dass die Mathematik als Leitwissenschaft bei der fortgeschrittenen Fortifikationslehre eine paradigmatische Funktion erhalten habe.

Aufgeklärte Kriegswissenschaft

Als Gegenstand der Aufklärungsbemühungen hat die Forschung erstens auf den angestrebten breit gefächerten Verhaltenskanon für Soldaten und Offiziere verwiesen, zweitens die Auswirkungen auf Taktik und Kriegführung beschrieben und drittens die im Gefolge des Patriotismus grundsätzlich angelegte zeitgenössische Kritik am Militärwesen thematisiert. Wie M. Sikora [137: Veredlung des Soldaten] herausstreicht, stellten die militärischen Aufklärer einen auf römischer Disziplin und bürgerlicher Tugend basierenden Verhaltenskodex auf, der zur „Veredelung" des Soldaten führen sollte. Offiziere sollten durch die Dialektik des Ehrbegriffs animiert werden, gemeine Soldaten mittels Konzepte zur Motivation und Erziehung. Während für Frankreich die praktischen Auswirkungen der Aufklärung, also etwa Professionalisie-

Verhaltenskanon und Tugendkatalog

rung, moralische Aufwertung und Abschaffung der Stellenkäuflichkeit, weitaus intensiver untersucht worden sind, litt in Deutschland die Erforschung der so genannten Reform vor der Reform an der preußischen Epochenschwelle von 1806, weil angesichts dieser Fallhöhe die Bemühungen vor den großen Militärreformen entweder bagatellisiert oder sogar negativ beurteilt worden sind. Nur wenige wie B. R. Kroener haben sich den Reformanstrengungen der aufgeklärten Offiziere am Ende des 18. Jahrhunderts gewidmet [115: B. R. Kroener, Aufklärung und Revolution; 136: D. E. Showalter, Hubertusburg].

Mit der von M. Rink und J. Kunisch untersuchten Konzeption des „kleinen Krieges" wurden die auf aufgeklärten Ideen basierenden Veränderungen in Strategie und Taktik beschrieben [117: J. Kunisch, Der kleine Krieg; 133: M. Rink, Vom „Partheygänger"]. Der aufgeklärte Diskurs in den letzten Jahrzehnten des Jahrhunderts orientiert sich in zwei Richtungen. Zum einen verfolgt er die weitere Verrechtlichung und Humanisierung der Kriegführung, ja möglichst die Vermeidung von Kriegen durch vernünftige Politik; außerdem sollte die Professionalisierung des Militärberufs, die sittliche Aufklärung des Offiziers und soweit möglich auch des einfachen Soldaten weiter voran getrieben werden [118: J. Kunisch, „Puppenwerk"]. Es galt, den militärischen Apparat so geschmeidig zu gestalten, dass er die Sphäre der bürgerlichen Erwerbswelt nahezu unberührt lässt. Zum anderen jedoch beinhaltet die Kombination einer zunehmend radikaleren Gesellschaftskritik der Spätaufklärer mit den Vorschlägen einer Reform des Militärs auf die „Entfesselung der gezähmten Bellona" (Kunisch) hin. So hatte bereits während des Siebenjährigen Krieges T. Abbt den „Tod für das Vaterland" zur besonderen Ehre und Pflicht erklärt und damit im Gewand der Patriotismus-Bewegung für eine qualitative wie quantitative Erweiterung des Kombattantenkreises plädiert [1: Vom Tode für das Vaterland]. Wie die Forschung herausgestrichen hat, gingen Kritik an der Gesellschaftsordnung und die damit verbundene Forderung nach politischer Teilhabe Hand in Hand mit radikalen Vorschlägen für Militärverfassung und Kriegführung [132: R. Pröve, Stadtgemeindlicher Republikanismus, 121–130].

Verrechtlichung und Humanisierung der Kriegführung

Entfesselung der gezähmten Bellona

2.2 *Revolution und Reform (1789–1815)*

Die Forschung hat zwischen Französischer Revolution und Wiener Kongress drei Schwerpunkte gesetzt: die revolutionären Ereignisse in Frankreich und die Kriege Napoleons, die Freiheitskriege und die preußischen Militärreformen.

Nachdem die Revolutions- wie die Koalitionskriege lange Zeit, vor allem auch von der nationalfranzösischen Geschichtsschreibung eher isoliert betrachtet worden sind, sind nunmehr stärker die europa-, ja weltweiten Zusammenhänge aufgedeckt und die strukturellen Hintergründe der französischen Krise sowie die tieferen Ursachen des fast dreißigjährigen europäischen und „Weltkrieges" (1787–1815) untersucht und diskutiert worden [98: T. C. W. BLANNING, Ursprünge; 104: S. FÖRSTER, Weltkrieg]. S. FÖRSTER hat in diesem Zusammenhang für die Überwindung der eurozentrischen und nationalstaatlichen Geschichtsbetrachtungen plädiert und die These aufgestellt, dass die Wechselwirkungen zwischen Europa und Außereuropa und die Entstehung einer Weltgesellschaft globale Kriege erst möglich gemacht haben. Die Militärgeschichte hat lange ihren Fokus auf die einzelnen Feldzüge und Schlachten, auf die Koalitionen und Friedensschlüsse gelegt. Mittlerweile gut erforscht sind die politischen und militärischen Reformen in Frankreich und die Pariser Konzepte von revolutionärer Kriegführung und neuer Militärverfassung. Aus deutscher Sicht wurde vornehmlich die zeitgenössische Wahrnehmung der französischen Entwicklungen untersucht und erste Transferversuche auf das eigene Territorium diskutiert.

Überwindung der eurozentrischen und nationalstaatlichen Betrachtung

Neben den praktischen Militärreformen und den grundsätzlichen Wandlungen von Staat und Militärwesen interessierte die Ideologisierung des Krieges und die weitere Radikalisierung der Revolution [103: E. FEHRENBACH, Ideologisierung]; damit verbunden war das Problem der Revolutionsimmunität der Deutschen [131: V. PRESS, Revolution]. Eine besondere Herausforderung für die Forschung stellte die „Wiedergeburt des Krieges aus dem Geist der Revolution" dar, hatte doch die gleiche Generation, die nun den Krieg bejahte, noch wenige Jahre zuvor das Humanitätsideal der Aufklärung besungen [116: W. KRUSE, Erfindung; 120: J. KUNISCH/H. MÜNKLER, Wiedergeburt]: „Die Apologie des Krieges schob die vormaligen Utopien des ewigen Friedens an den Rand" [57: E. WOLFRUM, Krieg und Frieden, 49]. Damit verbunden war das Problem des Funktionszusammenhangs von Krieg und Revolution. Während die sozialistische Historikerposition den Einsatz von Terror und Bürgerkrieg in Frankreich rechtfertigt, da Konterrevolution und ausländische Mächte die politischen Errungenschaften bedroht hätten, sieht der liberale Flügel den Krieg als Folge des Terrors, der vielmehr stets eine Gefahr für die Revolution gewesen sei. Wie E. WOLFRUM richtig resümiert, werde die Frage nach der Kriegsschuld von 1792 „immer mit der Frage nach den innenpolitischen Funktionen des Krieges verknüpft". Sie hänge von der Positionierung dieser Phase der Revolution

Ideologisierung des Krieges

Funktionszusammenhang von Krieg und Revolution

ab. „Zweifellos beeinflussten sich Krieg und Revolution wechselseitig; auch war der Krieg in den Augen der Revolutionäre ein Ventil für die sozialen und politischen Spannungen im Lande“ [57: Krieg und Frieden, 51].

Freiheitskriege als Schlüsselereignis

Die Freiheitskriege in den Jahren 1813–1815 gelten als „Schlüsselereignis der modernen deutschen Nationalgeschichte“ (O. Dann), als Ursprungsmythos der deutschen Nation. An dieser grundsätzlichen Sicht haben auch unterschiedliche Interpretationsansätze nichts geändert. Der erste fußt auf der liberalen Perspektive, die von Freiheitskriegen spricht, die Verbindung zu den Verfassungsversprechen zieht und „das deutsche Volk“ als treibende Kraft sieht (Rotteck, Meinecke, Schnabel). Die zweite beruht auf der staatsnah-konservativen Blickrichtung, die von Befreiungskriegen schreibt und die Fürsten und Generäle als Urheber der Entwicklung ausmacht (Treitschke, Ranke, Ritter). Lange Zeit bestand ein dritter, marxistischer Interpretationsstrang, der die Ereignisse als „Volkskriege“ wertet, an denen vornehmlich die städtischen und ländlichen Unterschichten aktiv beteiligt waren (Engels, Mehring). H. Berding hat vor einiger Zeit die historiographische Situation der Freiheitskriege gründlich beleuchtet und dabei sogar vier interpretatorische Grundpositionen bestimmt, da er die liberale Perspektive noch einmal in einen radikalen und einen gemäßigt-liberalen Flügel trennt [97: Das geschichtliche Problem].

Nationale Ausdeutung der Freiheitskriege

Die Freiheitskriege fanden aufgrund ihrer nationalen Ausdeutung im gesamten 19. und im frühen 20. Jahrhundert ein großes Forschungs- und Publikationsinteresse; vor allem im Jubiläumsjahr 1913 ist eine ganze Reihe von Quelleneditionen etwa mit Liedgut und Aufrufen oder auch Schriften erschienen. In den 1930er und 1940er Jahren erfolgte eine noch intensivere Indienstnahme, indem mit durchsichtigem Kalkül auf die damalige besondere Opferbereitschaft und die patriotische Gesinnung der Bevölkerung verwiesen wurde. Erst in der Bundesrepublik ließ das Interesse zunächst deutlich nach, ehe es seit einigen Jahren, wie K. Hagemann betont [296: „Mannlicher Muth“], wieder aufgeflammt ist. Lange Zeit dominierten politik- und militärgeschichtliche Ansätze und der Fokus lag auf der künstlerischen Untermalung der zeitgenössischen Begeisterung [141: E. Weber, Lyrik der Befreiungskriege]. Zwar wurde die Präsenz einer solchen Begeisterung gelegentlich grundsätzlich in Frage gestellt [55: H.-U. Wehler, Deutsche Gesellschaftsgeschichte, 1, 525; 102: J. Echternkamp, Aufstieg, 216], insgesamt aber überwiegt jedoch die forscherliche Anerkennung eines wie auch immer gearteten Engagements der Menschen. Ein Schwerpunkt liegt deshalb auf der Untersuchung der sozialen Reichweite der Begeisterung, auf der „Bewusstseinslage" der Menschen [111: R. IBBEKEN, Preußen; 125: B. v. MÜNCHOW-POHL, Reform und Krieg] und auf der Analyse des patriotisch-nationalen Diskurses. Mit neuen alltagsgeschichtlichen und vor allem jetzt geschlechtergeschichtlichen Ansätzen (K. HAGEMANN) gewinnt die Erforschung der Freiheitskriege neue Kontur. Mittlerweile wird auch an der Preußenzentrierung gerüttelt und vor einer unzulässigen Generalisierung preußischer Spezifika gewarnt; zu Recht wird dabei moniert, dass etwa in Süddeutschland eine ganz andere Wahrnehmung von Krieg und napoleonischer Besetzung vorhanden war und auch die Freiheitskriege längst nicht die gleiche Dimension angenommen hatten. Wie H. CARL nachdrücklich unterstreicht, ging es ohnehin schon sehr bald nicht mehr um die realen Ereignisse und Wahrnehmungen, sondern um den „Mythos des Befreiungskrieges", der als nationale Klammer eine zentrale Rolle bei der Nationsbildung gespielt hatte [100: Mythos].

Militärreformen und die Zäsur von 1806

Die Militärgeschichte hat bei der Betrachtung des Zeitraums um 1800 sehr stark auf die Militärreformen rekurriert. Lange Zeit galt in der Preußenforschung das Jahr 1806 als unbedingte Zäsur; um so tiefer die Historiker den Fall und um so schwärzer sie die Zeit davor skizzierten, um so heller konnte das Wirken des preußischen Reformwerks insgesamt und die Militärreform im Speziellen gezeichnet werden [35: E. FEHRENBACH, Ancien Régime, 235–242]. Nur wenige wiesen im 19. und lange Zeit im 20. Jahrhundert auf die Bedeutung der Reformbemühungen vor 1806 hin [107: C. v. D. GOLTZ, Rossbach und Jena, 102–173; 108: H. HÄNDEL, Gedanke der allgemeinen Wehrpflicht]. Erst seit einigen Jahren wurde das Augenmerk intensiver auf die zwanzig Jahre vor Jena und Auerstedt gelegt [197: D. WALTER, Preußische Heeresreformen, 244–247]. Bis weit in das 20. Jahrhundert hinein überwog der biographisch-ideengeschichtliche Zugang der Militärreformen; Biographien und edierte Selbstzeugnisse der Reformgeneräle bestimmten lange den Erkenntnishorizont [Scharnhorst: 123: M. LEHMANN, Scharnhorst; Boyen: 124: F. MEINECKE, Leben; Grolman: 6: E. v. CONRADY, Leben und Wirken]. Nach 1945 gerieten die Militärreformen und mit ihnen deren prominente Reformer zudem in den Kanon der Traditionspflege von Bundeswehr und Nationaler Volksarmee. Versuchte erstere vornehmlich die emanzipatorischen, gleichsam staatsbürgerlichen Aspekte der Militärreformen herauszustreichen, so wurde in der DDR entsprechend dem marxistischen Geschichtsbild und der Erbediskussion der revolutionäre Charakter der Reformen diskutiert.

Biographische Zugänge

Obwohl das Gesamtreformwerk von der Geschichtswissenschaft ausgiebig untersucht worden ist, geriet die Militärreform im Vergleich zu den anderen Reformen weniger intensiv in das forscherliche Blickfeld; zudem sind die Militärreformen lange Zeit unter dem Primat der Außenpolitik betrachtet worden. Erst in den letzten etwa 25 Jahren sind eine ganze Reihe aktengestützter Untersuchungen vorgenommen worden, die stärker die sozialgeschichtlichen und innenpolitischen Aspekte betrachten. Dabei wurde die thematische und funktionale Einbindung der Heeresreform in das Gesamtreformwerk betrachtet, detailliert die Vorgeschichte, die einzelnen Maßnahmen und Vorschläge beleuchtet, die weitere Wirkung der Reformen auf Staat und Gesellschaft in Preußen und Deutschland besprochen, die politischen Implikationen der Reformen im Zusammenhang der Ideen von Frühliberalismus und Volksbewaffnung untersucht und schließlich die Beteiligung der bürgerlichen Öffentlichkeit am Reformprozess beschrieben [87: H. Stübig, Heeresreform]. Gerade letzteres, die Einbindung der Militärreformen in den politischen Diskurs der Zeit und die Ideenwelt des Frühliberalismus, hat nicht nur die Motive und Zielsetzungen der Verantwortlichen viel dezidierter zu Tage gefördert, sondern auch den Reformvorgang insgesamt kritisch bewertet und somit die Defizite für die weitere Demokratisierung der Gesellschaft aufgedeckt [106: W. Gembruch, Bürgerliche Publizistik; 132: R. Pröve, Stadtgemeindlicher Republikanismus].

2.3 Gesellschaftliche Ordnung und Kriegsverfassung (1815–1850)

Während die Forschung zum 19. Jahrhundert das Kaiserreich und die Zeit vor 1815 sowie punktuell 1830 und 1848 gut ausgeleuchtet hat, sind vor allem die Jahre von 1815 bis 1860 vergleichsweise wenig betrachtet worden. Dies hängt neben der lange Zeit dominierenden Nationalgeschichtsschreibung, die den Deutschen Bund marginalisiert hatte, mit der Wahrnehmung der Historiker nach 1945 zusammen, die sich entweder auf Kaiserreich und Vorgeschichte des Ersten Weltkrieges einerseits oder die Ideen von 1789 andererseits konzentriert hatte. Speziell für die Militärgeschichte kommt hinzu, dass in dieser Epoche, sieht man von 1848 ab, weder Krieg noch Truppeneinsatz zu untersuchen waren, mithin in der Logik der alten Militärhistorie auch kaum ein Erkenntnisinteresse vorhanden war. Insgesamt lassen sich drei Schwerpunkte erkennen.

Bundeskriegsverfassung

Der erste liegt auf der Bundeskriegsverfassung und der Sicherheitspolitik der einzelnen Mitgliedsstaaten. Im Zusammenhang mit der allgemeinen Diskussion um den Charakter des Bundes (Bundesstaat oder Staatenbund) wurde etwa von H. Seier die Oberbefehlshaberregelung für das Bundesheer und die Bestimmungen der Bundeskriegsverfassung untersucht. SEIER kommt zu der Einschätzung, dass die Bundeskriegsverfassung eine Kompromissformel unterhalb jeglicher Ideallösung beim Ausgleich innerbündischer Interessen darstellte [162: H. SEIER, Oberbefehl; 163: H. SEIER, Frage der militärischen Exekutive; zu den Schwächen vgl. etwa 152: W. KEUL, Bundesmilitärkommission]. Als erfolgreiches Instrument zur Einhegung des österreichisch-preußischen Dualismus kennzeichnen H. HELMERT und E. WIENHÖFER den Deutschen Bund und seine Kriegsverfassung. HELMERT kommt zu dem Schluss, dass die Bundeskriegsverfassung einen, wenn auch bescheidenen Ansatz zur Bildung eines nationalen Militärwesens dargestellt habe [150: Militärsystem und Streitkräfte]. WIENHÖFER konzentriert sich dagegen in Anlehnung an die verfassungsgeschichtliche Sicht E. R. HUBERS auf die formalen Strukturen der Bundeskriegsverfassung. Die diplomatiehistorischen Aspekte unter militärgeschichtlichem Vorzeichen sind gut erforscht worden, zuletzt hat sich J. ANGELOW der Sicherheits- und Außenpolitik des Deutschen Bundes angenommen [142: Von Wien nach Königgrätz]. Die Militärgeschichte der einzelnen Mitglieder ist unterschiedlich intensiv bearbeitet worden, neben Abschnitten in großen Überblickswerken und Handbüchern etwa zu Preußen [39: C. JANY, Geschichte der Preußischen Armee; 43: M. MESSERSCHMIDT, Die preußische Armee] liegen verschiedene Monographien vor [zu Hannover 170: U. VOLLMER, Die Armee des Königreichs Hannover; zu Bayern 148: W. D. GRUNER, Das Bayerische Heer; zu Baden-Württemberg 149: H.-J. HARDER, Militärgeschichtliches Handbuch; zu Kurhessen 143: M. ARNDT, Militär und Staat in Kurhessen, zu Nassau 167: G. MÜLLER-SCHELLENBERG/W. ROSENWALD/P. WACKER, Das herzoglich-nassauische Militär]. Meist fehlen in diesen Arbeiten jedoch sozialgeschichtliche Aspekte und damit ein Blick auf die Innensicht des militärischen Apparats. Demgegenüber sind technisch-wehrkundliche Phänomene und Fragen der Uniformkunde ausgiebig diskutiert oder die Geschichte einzelner Truppenteile detailliert beschrieben worden.

Militärverfassung und Frühliberalismus

Ein zweiter Schwerpunkt liegt auf dem innenpolitischen und publizistisch geführten Kampf um Militärreformen und Verfassung im Vormärz. Diese Auseinandersetzung manifestiert sich zum einen auf der Diskursebene in den Forderungskatalogen der politischen Bewegungen, vor allem des Frühliberalismus, später auch der Demokraten und radikaleren Strömungen, zum anderen in den Umsetzungen dieser Forderungen, deren Bandbreite vom Verfassungseid bis hin zu autarken Bürgerwehren reichte. Die seit vielen Jahren boomende Liberalismusforschung hat sich zumeist den Säulenheiligen Rotteck und Welcker und dem von ihnen herausgegebenen Staats-Lexikon gewidmet und deren Programmatik beachtet, wobei die militärpolitischen Probleme jedoch eher am Rande Beachtung fanden [24: C. v. ROTTECK, Über stehende Heere und Nationalmiliz; 32: C. T. WELCKER, Begründung der Motion]. Vor allem in älteren Werken wurden auf Grundlage der reichen Überlieferung an Denkschriften, Zeitschriftenbeiträgen und Petitionen Diskussion und politische Standpunkte zu militärischen Themen erforscht [156: A. MÜRMANN, Die öffentliche Meinung in Deutschland; 157: H. W. PINKOW, Der literarische und parlamentarische Kampf; sowie wenn auch ideologisch problematisch 151: R. HÖHN, Verfassungskampf und Heereseid]. Die Positionen der konservativen Militärpartei hat E. TROX [169: Militärischer Konservativismus] herausgearbeitet. Neuere Überblicke zur Diskussion finden sich etwa bei R. PRÖVE [132: Stadtgemeindlicher Republikanismus, 140–182].

In den letzten Jahren intensiver erforscht wurden verfassungsrechtliche, politische und diskursgeschichtliche Aspekte einer Anbindung des Militärs an die Verfassung, also der Verfassungseid des Militärs bzw. des Offizierkorps, vor allem in Kurhessen [143: M. ARNDT, Militär und Staat in Kurhessen; 147: E. GROTHE, Verfassungsgebung und Verfassungskonflikt], sowie Formen bürgerlicher Selbstbewaffnung und Ordnungswahrung wie Bürgergarden, Bürgerwehren oder Sicherheitsvereine [144: G. BRÜCKNER, Der Bürger als Bürgersoldat; 158: R. PRÖVE, Bürgerwehren in den europäischen Revolutionen; 161: P. SAUER, Revolution und Volksbewaffnung; 166: W. STEINHILBER, Die Heilbronner Bürgerwehren; 171: M. WETTENGEL, Die Wiesbadener Bürgerwehr; 224: A. FAHL, Das Hamburger Bürgermilitär]. Ausführlich werden die politischen und gesellschaftlichen Konzepte des Bürgermilitärs erläutert, die soziale Zusammensetzung dieser Formationen beschrieben, Einsatzgebiete und Funktionalität ausgelotet sowie die Rivalitäten zu Militär und Gendarmerie diskutiert.

Der dritte Schwerpunkt umfasst Rolle und Funktion des Militärs während der Revolution von 1848. Ausgiebig werden Einsatzfähigwie Einsatzwilligkeit der Soldaten in den Straßen beschrieben, das Militär im Kalkül der alten Eliten wie der Märzregierungen aufgezeigt oder politische Äußerungen bzw. Handlungen der Männer skizziert. Während die meisten Arbeiten im lokalen oder regionalen Rahmen bleiben [146: J. CALLIESS, Militär in der Krise], hat S. MÜLLER ein größeres Forschungsgebiet behandelt [155: Soldaten in der deutschen Revolution]. Sie wertet die gegenrevolutionäre Rolle der Soldaten gründlich und aus verschiedenen Perspektiven aus und kann Sozialisationsmuster und Protestverhalten der Soldaten untersuchen. Interessant ist

Militär in der Revolution von 1848

die Feststellung einer doch ausgeprägten Immunisierung der Männer gegen die revolutionären Ideen, nur relativ wenige desertierten und schlossen sich den Barrikadenkämpfern an. Gleichwohl wurden, vor allem über einberufene Reservisten, Militärproteste, etwa über Katzenmusiken vor der Wohnung eines Offiziers oder mittels Sturmpetitionen, organisiert, um Verbesserungen im militärischen Alltag zu erzielen. Insgesamt sei es aber den alten Eliten gelungen, das Militär als Instrument der Gegenrevolution zu erhalten und im Herbst 1848 und 1849 entsprechend siegreich einzusetzen. Dabei sei, so MÜLLER, entscheidend gewesen, dass das Disziplinmodell von einem innen geleiteten Gehorsam, gleichsam einer Art innerer Führung wie heute in der Bundeswehr, abgelöst wurde.

2.4 Militär und nationale Einigung (1850–1871)

Die Geschichtswissenschaft hat die Jahre zwischen Revolution und Reichsgründung lange Zeit nahezu ausschließlich unter teleologischem Vorzeichen beschrieben; damit wurden – getragen von einer dominierenden Borussographie im Kaiserreich – Ereignisse und Entwicklungen als zielgerichtete Maßnahmen für die Reichsgründung unter preußischer Suprematie gewertet, „Preußens deutscher Beruf" gleichsam sichtbar gemacht: „Wo 1871 zur Erfüllung der deutschen Geschichte überhaupt geriet, zum Kulminationspunkt einer Heilsgeschichte, die auch bei Luther oder den ersten Hohenzollern anfangen konnte, da erhielten die Ereignisse und Persönlichkeiten ein Gewicht, dessen Schwerkraft sich keine Schilderung der unmittelbar vorangehenden Epoche entziehen konnte" [197: D. WALTER, Preußische Heeresreformen, 18]. Diese perspektivische Verengung hat sicherlich dazu beigetragen, dass, obwohl Roonsche Heeresreform und Verfassungskonflikt auf der innenpolitischen und die drei später bezeichnenderweise als Einigungskriege klassifizierten Waffengänge auf der außenpolitischen Ebene in hohem Maß Staat und Gesellschaft geprägt haben, die Forschung dies bisher nur unzureichend reflektiert hat. Wie D. WALTER richtig resümiert, trat die Phase der Heeresreformen der späten 1850er und frühen 1860er Jahre hinter den auf der Heeresvorlage basierenden Verfassungskonflikt zurück. Der Verfassungskonflikt seinerseits wurde entweder im Licht der Liberalismusforschung als verpasste Chance für einen demokratischen Umbau des Staates, als Canossagang und Erbsünde der liberalen Partei begriffen oder, vor allem in konservativem Blickwinkel, als Ausgangspunkt des Bismarckschen Siegeszuges über innere und äußere Gegner gewertet. Vor diesem Hintergrund

Borussographie und „Preußens deutscher Beruf"

Roonsche Heeresreform

verwundert der unzureichende und eindimensionale Forschungsstand nicht.

WALTER, der mit seiner Arbeit über die Preußischen Heeresreformen einen grundlegenden Neuzugang geschaffen hat, verweist auf die historiographischen und die empirischen Hintergründe dieses Mankos; so würden die historischen Einschätzungen vielfach auf einer schmalen, noch dazu tendenziösen und offiziösen Quellengrundlage beruhen [197: Preußische Heeresreformen, 28–33]. Ohnehin seien die Roonschen Maßnahmen nicht isoliert, sondern als Bestandteil (und zwar als wesentlicher Bestandteil, gleichsam als Nukleus) einer weiter greifenden „militärischen Revolution" in einem Zeitraum von etwa zehn bis fünfzehn Jahren zu verstehen. Dieser integrale Strukturansatz umfasst eine ganze Reihe von militärischen Reformprojekten und Innovationsschüben: „Die Einführung des Zündnadelgewehres, die Umbewaffnung der Artillerie mit gezogenen Hinterladern, die Reform der Infanterietaktik im Hinblick auf Schützenlinie und Kompaniekolonne, der Ausbau des Generalstabs [...] die systematische Nutzung von Eisenbahn und Telegraph, das Auftragsprinzip der Befehlsgebung, die Reform der Offiziersausbildung durch die neu gegründeten Kriegsschulen und die Verjüngung des Offizierkorps" [197: Preußische Heeresreformen, 34]. Es ist das besondere Verdienst dieser Arbeit, nicht nur die Problematik des Zäsurcharakters der 1860er Jahre herausgehoben und die Reformen in den Kontext umfangreicherer Maßnahmen und Entwicklungen gestellt, sondern auch diesen Wandel im Bereich der Heeresgliederung und des Mobilmachungsplans, des Generalstabs, der Offiziersbildung und der Technikaneignung durch das Militär überprüft zu haben.

Einigungskriege

Die Einigungskriege wurden lange vornehmlich unter dem Aspekt einer partiellen Modernisierung der preußischen Armee, gemeint ist freilich die Modernisierung Preußens insgesamt, gesehen. Die deutlichen und schnellen Siege der preußischen Truppen, vor allem über Österreich, hätten die Überlegenheit nachdrücklich bestätigt. Der Krieg von 1866, vor allem die Schlacht von Königgrätz, wurde dabei zum Duell der Systeme hochstilisiert und mit Blick auf das 20. Jahrhundert als Wegscheide interpretiert [175: G. A. CRAIG, Königgrätz 1866]. Die jüngere Forschung wertete die Einigungskriege, vornehmlich den Deutsch-Französischen Krieg, als düstere Vorboten künftiger, moderner Kriege. So gelte dieser als „industrialisierter Volkskrieg", der den einzelnen Bürger wie die gesamte Öffentlichkeit unmittelbar getroffen und geprägt habe. Statt von einem Kabinettskrieg müsse von einem National- und Exterminationskrieg gesprochen werden. Oft in Verbindung zum zeitnahen amerikanischen Bürgerkrieg wollen viele einen Umbruch in Kriegführung und Kriegverfassung erblicken, der mit totalem und technisiertem Einsatz von Mensch und Material und der Mobilisierung der gesamten Bevölkerung den Weg in die Weltkriege des 20. Jahrhunderts wies [178: S. Förster/J. Nagler, On the Road to Total War]. Wenn auch die Charakterisierung dieser Waffengänge noch nicht abgeschlossen ist, so kann doch festgehalten werden, dass die Forschung die veränderte Form des Krieges von 1870/71 grundsätzlich anerkennt; sie legt lediglich die Gewichtungen unterschiedlich. Während die „Modernität" der Kampfhandlungen und der Einbezug technischer Systeme wiederholt angesprochen wurde, hat man die über Wehrpflicht und kollektive Kriegserfahrung, aber auch über die medial gestaltete öffentliche Anteilnahme erzielte Mobilisierung der Heimat bisher weitaus weniger Informationen gesammelt.

Deutsch-Französischer Krieg

Ein grundsätzliches Forschungsproblem gerade des Deutsch-Französischen Krieges ergab sich lange Zeit durch die Konzentration auf die Reichsgründung – mit der Folge, dass der Krieg dabei nur als Beiwerk begriffen oder nur bis zur Krönung im Spiegelsaal in Versailles abgehandelt wurde. Somit bilden die kriegerischen Ereignisse nur den Hintergrund für die Beschreibung der Reichsgründungsphase; damit verbunden sind etwa Diskussionen über die Kriegsschuldfrage oder die Debatten zur Annexion von Elsass-Lothringen. Ebenso marginal handeln jene Studien den Krieg ab, die Verfassung und Politik des Kaiserreiches erhellen wollen und dabei die Haltung und Positionen politischer und konfessioneller Gruppierungen zum Krieg ausloten, ohne wirklich den Krieg selbst zu thematisieren. Der gleiche Befund gilt für die diplomatischen Konzepte Bismarcks oder die außen- und innenpolitischen Umstände der Reichgründung.

Während die Kriege selbst, die Ereignisse, Schlachten und operativen Vorgänge (etwa auch über biographische Zugänge wie über Moltke, vgl. Bucholz [174: Moltke and the German Wars]), aber auch die diplomatischen Hintergründe recht gut erforscht sind, ist die gesellschafts-, alltags- und kulturgeschichtliche Dimension erst in Ansätzen ausgeleuchtet worden. So beschreibt etwa F. Kühlich [188: Die deutschen Soldaten im Krieg] in seiner Arbeit ausführlich die Eindrücke, Mentalität und Haltung der Soldaten im Feld, M. Steinbach [194: Abgrund Metz] untersucht am Beispiel der Belagerung von Metz den Alltag der Männer und L. Sukstorf [195: Die Problematik der Logistik] beleuchtet anhand der logistischen Herausforderungen spezifische Arbeitsbedingungen des Militärs. Der Alltag der Bevölkerung, vor allem die so genannte Heimatfront, ist bisher unzureichend thematisiert wor-

Heimatfront 1870/71

den. Zumindest ein wenig kann dieses Manko A. SEYFERTH in seiner Dissertation [193: Die Heimatfront] beseitigen, in der er detailliert die ökonomischen und gesellschaftlichen Auswirkungen des Krieges untersucht und dabei etwa Vereinstätigkeit, staatliche Informationspolitik, Wirtschaftspolitik und administrative Maßnahmen einer intensiven Überprüfung unterzieht. Die Stimmungslage der Bevölkerung im Krieg ist vornehmlich unter lokalen und regionalen Gesichtspunkten untersucht worden [179: K. FUCHS, Zur politischen Lage und Stimmung; 181: R. HAUSSCHILD-THIESSEN, Hamburg im Kriege; 192: E. SCHNEIDER, Reaktion der deutschen Öffentlichkeit]. Auf breiterer Basis, zumeist über die Auswertung der Presse oder anderer gedruckter Erzeugnisse, haben etwa N. BUSCHMANN oder F. BECKER die öffentliche Deutung und Wahrnehmung von Krieg und die Stimmungslage der Deutschen analysiert. BECKER zeichnet dabei ein differenziertes Bild der bürgerlichen Öffentlichkeit und verfolgt Stimmung und Kriegsbild. Er urteilt, freilich lediglich auf der Basis gedruckten Materials: „Beim Krieg von 1870/71 wurde die zeitgenössische Wahrnehmung durch die retrospektive Darstellung im Wesentlichen nur bestätigt; die kontemporäre Kriegsdeutung verfestigte sich zu einem Kriegsbild, das bis zum Vorabend des Ersten Weltkrieges Bestand hatte. Bei der Aufbereitung der Deutungsmuster, die in den verschiedenen Medien verwendet werden, ist also keine zeitliche Differenzierung, etwa im Sinne der Einteilung in bestimmte Phasen der Kriegsrezeption, geboten“ [173: Bilder von Krieg und Nation, 14].

Stimmungslage und öffentliche Debatten

Einen wichtigen Beitrag zur Erfahrungsgeschichte des Krieges liefert C. RAK, der die Mentalität deutscher Katholiken und die Reaktionen der katholischen Feldgeistlichen und der Amtskirche erforscht hat. Der enge Konnex, so RAK, „zwischen Krieg und Nation, der seit 1870/71 die öffentliche Interpretation des Feldzuges bestimmte, verquickte eine Vielzahl politischer Streitfragen miteinander, daran war die Fundamentalopposition der katholischen Amtskirche gegen den Nationalismus und andere Irrlehren der Moderne nicht unbeteiligt“ [190: Nation und Konfession, 406].

Mythisierung und Erinnerungspolitik

Große Bedeutung haben die Einigungskriege im Kaiserreich, da die Erinnerung und Mythisierung der Siege politisch instrumentalisiert und diese später zu regelrechten Gründungsmythen ausgedeutet wurde. Über verschiedene Zugänge, etwa über Militär- und Kriegervereine, die jährlichen Siegesfeiern, die Denkmalskultur oder die populäre Erinnerungsliteratur hat sich die Forschung mit diesen Militarisierungen und Erinnerungskulturen auseinandergesetzt.

2.5 Militär im System Bismarck (1871–1890)

Die Forschung hat die beiden Jahrzehnte nach der Reichsgründung sehr intensiv unter verfassungsrechtlichem und politikgeschichtlichem Aspekt betrachtet. Verbunden mit der Kriegsschuldfrage, Militarisierungs- und Sonderwegsdebatten und somit mit dem Blick auf die fatale weitere Entwicklung Deutschlands ging es im Kern um die Rolle der Armee im Herrschaftssystem Bismarck, um die Frage nach der Prärogative im Nexus von Rüstungs-, Militär-, Außen- und Innenpolitik. Dabei wurde vor allem die Außenpolitik Bismarcks beachtet und das Verhältnis zwischen dem Kanzler, dem Kriegsminister und dem Militärkabinett untersucht (vgl. etwa die Arbeiten von M. MESSERSCHMIDT [214: Militär und Politik in der Bismarckzeit]). Zumeist standen diese Untersuchungen im Bann des Vergleichs mit der zweiten Hälfte des Kaiserreichs, in der ein außenpolitischer, aggressiver und unsteter Kurs den Ersten Weltkrieg heraufbeschworen hatte. Entsprechend moderat fallen deshalb die Urteile über die Zeit davor aus. Bismarck habe die Militärs auf vielen Bereichen zurückdrängen können; er sei stark genug gewesen, Präventivkriegideen aus dem Generalstab entgegenzutreten. Der Kult um den „Eisernen Kanzler" mag diese idyllisierende Vorstellung einer speziellen herrschaftspolitischen Komponente noch befördert haben.

Rolle der Armee im Herrschaftssystem Bismarck

Wie M. SCHMID zu Recht betont hat, wurde dieses Verhältnis bisher zu sehr unter formalen Vorgaben beleuchtet; auch sei der Mythos um Bismarck und sein „Klischee vom militärtreuen Vasallen" [218: Der „eiserne Kanzler", 8] dafür verantwortlich, dass Einmischungen des Kanzlers in die Prärogative der Militärspezialisten nicht thematisiert, hingegen Konflikte, die die Militärführung initiierte, um so intensiver untersucht worden seien. Seit kurzem hätten etwa O. PFLANZE oder D. E. SHOWALTER einen Kurswechsel angezeigt. SHOWALTER kommt sogar zu einer Entlastung der Militärs; so habe Bismarck die Generäle bekämpft und einen Keil zwischen Monarch und Militärführung getrieben [219: The Political Soldiers, 68]. Differenzierter beurteilt E. KOLB die Situation, wenn er den Primat der Reichsleitung in der Außenpolitik betont, zugleich jedoch die Sphäre der militärischen Kommandogewalt unangetastet sieht [212: Gezähmte Halbgötter, 59]. In seiner Arbeit, die zum Großteil auf neuem Archivmaterial basiert, hat M. SCHMID die militärpolitischen Entscheidungsprozesse der Bismarckzeit detailliert, anschaulich und sachkundig beschrieben. Danach beanspruchte Bismarck „die Kompetenz für sich, die Richtlinien der Militärpolitik vorzugeben, und nicht selten wusste er den Militärs seinen Willen aufzuzwingen.

Der Kriegsminister stöhnte oft genug über die unwillkommenen Interventionen Bismarcks in genuin militärischen Fragen, ja in Detailangelegenheiten – doch auf der anderen Seite konnte sich der Chefdiplomat des Reiches gegen Ende seiner Herrschaft nur mit Mühe gegen die Übergriffe der militärischen Kriegspartei auf das Steuerruder der Außenpolitik zur Wehr setzen" [218: Der „eiserne Kanzler", 694 f.].

Militärische Leitungsinstitutionen

Unmittelbar an diese Themen- und Fragestellungen schließen jene Studien an, die sich den verschiedenen militärischen Leitungsinstitutionen wie Kriegsministerium, Generalstab, Militärkabinett oder der höheren Generalität widmen. Personelle Zusammensetzung, Karriereverläufe, Strategien und Interessenpolitik, Entscheidungsprozesse und die internen Debatten spielten dabei eine besondere Rolle. Während die ältere Forschung zumeist deren besondere Funktionalität und Tüchtigkeit betonte, wurde nach den Weltkriegen stärker nach den Fehlleistungen gefragt und der unheilvolle obrigkeitsstaatliche, militarisierende Einfluss dieser Institutionen auf Staat und Gesellschaft indiziert. Dazu zählen etwa die Präventivkriegvorstellungen und strategischen Planspiele der Generäle ebenso wie deren Versuche, die parlamentarische und öffentliche Kontrolle des militärischen Apparates weiter zurückzudrängen. Wiederholt wurde biographisch gearbeitet; vor allem Leben und Wirken der jeweiligen Generalstabschefs, allen voran der ältere Moltke, aber auch Alfred Graf von Waldersee (1832–1904) oder Alfred Graf von Schlieffen (1833–1913), wurden beschrieben.

Innere Geschichte der Militärgesellschaft

Im Vergleich zu diesem Forschungsfeld ist die innere Geschichte der bewaffneten Macht, also die Sozial- und Alltagsgeschichte der Militärgesellschaft weitaus weniger intensiv erforscht worden. Die Aufarbeitung von Lebenswelten und Alltag erfolgte bislang in umgekehrter Proportionalität zum Dienstrang; je höher der Dienstrang, desto mehr Quellen, vor allem Selbstzeugnisse sind vorhanden (vgl. Abschnitt II.3.3). Für die unteren Offiziere, die Unteroffiziere und die Mannschaftsdienstgrade gilt, dass deren Dienstalltag auf dem Exerzierplatz, im Manöver oder auf der Wache, die Lebensbedingungen in der Kaserne, Drill und Kameradschaft, Initiationsrituale, Freizeitverhalten, Beförderungschancen, Behandlung durch Vorgesetzte und vieles mehr nach wie vor nur in Ansätzen untersucht worden sind. Eine wichtige Rolle spielt hier noch die landes- und regionalgeschichtliche Forschung, vor allem aber auch die Stadtgeschichte, die sich aus verschiedenen Perspektiven her dem Phänomen genähert hat (vgl. Abschnitt II.3.8). Wie fruchtbar die Beschäftigung mit diesem Themenfeld sein kann, zeigte W. K. Blessing vor einigen Jahren in einem Aufsatz. Dabei verwies er zu Recht darauf, dass es *das* Militär und *die* Militärerfahrung nicht gegeben habe; vielmehr variierten die Erfahrungen je nach Truppengattung, Einheit und Garnison auf der einen, der sozialen Herkunft des Soldaten auf der anderen Seite: „So erlebten den Alltag im Heer jedoch keineswegs alle gleich. Angehörige der Mittelschichten, Söhne wohlhabender Bauern oder Handwerker kamen aus relativ komfortablen, sicheren Verhältnissen in beengte Unterkunft, zu abgetragener Uniform und einfachem Essen, das sie privat möglichst ergänzten. Je nach zivilem Standard konnte also die Versorgung als Verbesserung oder Verschlechterung, als Fürsorge oder Vernachlässigung empfunden werden“ [203: Disziplinierung und Qualifizierung, 471].

Elendsgeschichte der Soldaten revidiert

Nicht nur diese Einschätzung zu Beginn der 1990er Jahre führte zu einer Neujustierung der Forschung, die bis dahin vieles unzulässigerweise verallgemeinert hatte. Zugleich wurde in diesem Zeitraum auch begonnen, die Elendsgeschichte der uniformierten Männer neu zu interpretieren; zu verführerisch war jahrzehntelang die Annahme, Militärdienst sei generell und automatisch mit Kargheit, Unterdrückung und sozialer Reduktion gleichzusetzen. Diese landläufige Meinung bestätigten die Quellen, lassen sich doch in den Akten immer wieder Fälle von Schikane und Willkür von Vorgesetzten oder anderen Widrigkeiten des Dienstalltags finden. Vergessen wurde freilich darüber, dass eben auch nur justiziable oder allgemein auffällige, vom Tagesgeschäft abweichende Fälle verschriftlicht worden sind, reibungslose Vorgänge demgegenüber eben nicht. Vielmehr wurde sogar auf positive Aspekte des Militärdienstes hingewiesen. So hat etwa Blessing das Augenmerk auf die qualifizierende Leistung der Armee gelegt: „Gesellschaftlich wichtiger wurde, weil mehr Männer betroffen waren, die Rekrutenzeit als Rekrutierung für ‚moderne‘ Tätigkeiten mit der Industrialisierung. Fabrikarbeit und Kasernendienst erwiesen sich als verwandt. Zeitdiktat und Raumgliederung, Fabrikordnung, Vorgesetztenmacht und Kontrolle zielten auch hier auf Leistung durch Anpassung und zuverlässig-ordentlichen Sinn“ [203: Disziplinierung und Qualifizierung, 475]. Natürlich haben solche Prozesse ihre Grenzen und man sollte sich hüten, hier ein falsches Idyll zu zeichnen.

Schnittmenge von Militär und Gesellschaft

Durch Wehrpflichtsystem, Reservedienst und Reserveoffizierlaufbahn ergab sich eine besondere Schnittmenge („Grenzzonen“ nennt sie T. Nipperdey) von Militär und Gesellschaft; junge Männer verbrachten einen Teil ihrer Lebenszeit in der Kaserne, nahmen nach ihrer Wehrdienstzeit an Reserveübungen teil und pflegten in Reservistenverbänden oder Kriegervereinen militärisches Brauchtum; ehemalige Langgediente und Reserveoffiziere in ziviler Stellung waren weiterhin mit ihrem alten Dienstherrn verbunden. Vor allem im Hinblick auf die

Übernahme militärischer Denkweisen und Gewohnheiten in den zivilen Alltag wurde diese Schnittmenge intensiv untersucht. Damit verbunden war die grundsätzliche Frage nach Ausmaß und Konsequenzen einer sozialen Militarisierung der Gesellschaft (vgl. Abschnitt II.4.1). In den Fokus der Forschung gerieten deshalb Mitgliederstruktur, Tätigkeitsfelder, politisches Bekenntnis und soziale Vernetzung von Schützen- und Kriegervereinen, Reservistenverbänden und ähnlichen Organisationen. Quantität wie Qualität dieser sozial breit gefächerten „Militärpartei" mit immerhin knapp drei Millionen Männern sind erst in den letzten Jahren wirklich deutlich geworden [216: T. ROHKRÄMER, Militarismus der „kleinen Leute"; 220: H.-P. ZIMMERMANN, „Der feste Wall gegen die rote Flut"].

Militärpartei

Freilich besteht Dissens über die Interpretation der Ergebnisse; während die einen auf die Orientierung der Männer an verschiedene Autoritäten, gleichsam auf die „Fixierung auf Autorität, die konformistische Anpassung an vorgegebene Machtstrukturen" [57: E. WOLFRUM, Krieg und Frieden, 88] verweisen und damit einen Gesinnungsmilitarismus indizieren wollen (vgl. auch Abschnitt II.4.1), erblicken die anderen an der Teilnahme am Kriegervereinsleben (zum großen Teil nahmen Angehörige ländlicher und städtischer Unterschichten daran teil) eher einen Ausdruck von Partizipation und Gleichberechtigung. B. ULRICH, J. VOGEL und B. ZIEMANN haben in einem Quellenband darauf aufmerksam gemacht und dabei auch die methodischen Probleme thematisiert [28: Untertan in Uniform].

Militärfolklore

Darüber hinaus wurden öffentlich inszenierte Gedenkfeiern und Jahrestage siegreich bestrittener Schlachten und militärischer Siege untersucht und dabei die ganze Bandbreite militärfolkloristischer Darbietungen beschrieben; wenn auch hier wieder über die genaue Gewichtung der Motive der Menschen noch diskutiert wird, so ist man sich doch weitgehend einig über das Resultat, den großen affirmativen Zuspruch zum Militär.

Militär und nationaler Einigungsprozess

Die Jahre nach 1871 sind aber auch in letzter Zeit verstärkt von der boomenden Nationalismusforschung ins Auge gefasst worden. Dabei wird die These vertreten, das Militär habe in Deutschland nicht nur die äußere Nationsbildung durch ihre Erfolge in den Einigungskriegen erzielt, sondern es sei ein wichtiger Faktor auch für die innere Nationsbildung gewesen. Bereits vor dreißig Jahren wurden ähnliche Überlegungen für Frankreich angestellt. U. FREVERT hebt vornehmlich auf die Modalitäten der Wehrpflicht ab: „Auch in administrativer Hinsicht waren seine (des Militärs, R.P.) staatsbildenden Funktionen von nicht geringer Bedeutung: Indem das System der allgemeinen Wehrpflicht auf der vollständigen Erfassung der männlichen Bevölkerung beruhte, initiierte es ein flächendeckendes Melde- und Kontrollwesen in Form stetig und gewissenhaft geführter Stammrollen“ [243: Das jakobinische Modell, 46]. Darüber hinaus führte die Wehrpflicht junge Männer unterschiedlicher regionaler, konfessioneller und sozialer Herkunft zusammen und ließ somit in der „Bildungsschule der Nation“ ein Verständnis für die Nation entstehen. Sie erfuhren, so E. WOLFRUM, eine „nationale und vaterländische Erziehung, die andere Loyalitäten zwar nicht auflöste, aber doch überlagerte“ [57: Krieg und Frieden, 88]. Das Militär fungiert dabei sowohl als Ort symbolischer Praxis, als „Erinnerungsfigur“ und gelebte „Gedächtnisgemeinschaft“ wie auch als handlungsrelevante Institution, die Handlungsmuster und Denkweisen vorgibt und produziert.

3. Neue Felder und Fragestellungen der Militärgeschichte

3.1 Operationsgeschichte

Angesichts der lange dominierenden Kriegsgeschichte mit ihrer stark kriegskundlichen Ausrichtung überrascht auf den ersten Blick die Forderung von B. WEGNER nach operationsgeschichtlichen Fragestellungen innerhalb der Militärgeschichte. WEGNER versteht unter Operationsgeschichte „im engeren Sinne die Geschichte der Planung und Durchführung großer militärischer Unternehmungen unterhalb der strategischen, jedoch oberhalb der taktischen Ebene, im weiteren Sinne die Geschichte der militärischen ‚Führungskunst‘ im Kriege ganz allgemein“ [89: Wozu Operationsgeschichte, 105]. Damit verbunden seien eine umfassende Gewaltgeschichte des Krieges, ihre Verknüpfung mit einer „Alltagsgeschichte des Schlachtfeldes“ zum einen, mit Politik- und Strategiegeschichte zum anderen. Wenn auch der Fokus von WEGNER auf dem 20. Jahrhundert liegt, so ließe sich dessen Aufruf auch auf das 19. Jahrhundert, insbesondere die Einigungskriege und die Kriege gegen Napoleon, ausdehnen. Bezeichnenderweise stammen die wenigen operationsgeschichtlichen Studien dazu vornehmlich aus angloamerikanischer Feder [199: G. WAWRO, Franco-Prussian War; 210: I. V. HULL, Absolute Destruction].

Beitrag der Operationsgeschichte

3.2 Wirtschaftsgeschichte

Obwohl die materielle Aufrüstung des Militärs, die Finanzierung des Krieges oder die Herausbildung einer Rüstungsindustrie zu den zentralen Elementen militärgeschichtlicher Fragestellungen zählen, wurden ökonomische Fragen, wie S. v. d. Kerkhof richtig feststellt und dabei die schwierige aktuelle Situation der Wirtschaftsgeschichte beleuchtet [74: Rüstungsindustrie und Kriegswirtschaft, 175–178], zu häufig ausgeblendet. Das ist auch deshalb problematisch, weil Ursachen, Entstehung, Verlauf und Auswirkungen kriegerischer Handlungen ohne den Einbezug wirtschaftshistorischer Faktoren nicht zu verstehen sind. Zu den Schwerpunkten einer Finanz- und Wirtschaftsgeschichte von Militär und Krieg im 19. Jahrhundert zählen erstens Umfang und Zusammensetzung des Militäretats und dessen Finanzierung, also die Beleuchtung von Steuerpolitik und Subventionspraxis, aber auch die Gewichtung der Ausgabenpolitik, die zwischen den Fixkosten für die Besoldung der Soldaten, deren Bekleidung, Verpflegung, Unterbringung und Bewaffnung und die Aufwendungen für die Liegenschaften sowie der Beschaffung von Rüstungsmaterial und Großgerät oszillierte. Damit ist ein breites Spektrum an Produkten und Dienstleistungen umrissen, das primär zivile Gegenstände wie auch mit Kanone und Gewehr unmittelbare Militärgüter beinhaltet. Zweitens das unter dem Stichwort der Rüstungspolitik subsummierende Beziehungsgeflecht von Militärführung, Politik und Wirtschaftsverbänden. Drittens die Geschichte einzelner Rüstungsunternehmen bzw. die Entstehung eines internationalen Rüstungsmarktes und viertens schließlich die Geschichte einzelner Produkte und Produktgruppen.

Militäretat und Finanzierung

Rüstungspolitik, Rüstungsmarkt

In den meisten Bereichen steht die Forschung jedoch noch am Anfang. Am intensivsten ist noch die Rüstungspolitik beachtet worden, wenn auch eher unter politischem Vorzeichen. Besonders gut herausgearbeitet sind die Beziehungen und Netzwerke zwischen Politik, Interessenverbänden und Rüstungsindustrie. Die Geschichte der Rüstungsindustrie vor 1890 muss in großen Teilen erst noch geschrieben werden (die Arbeit von M. Geyer [316: Deutsche Rüstungspolitik] ist hier eher die Ausnahme), da der deutliche Schwerpunkt bislang auf der wilhelminischen Flottenrüstung nach 1890 liegt; der Bau der Schlachtschiffe und Kreuzer fällt jedoch in die unmittelbare Vorgeschichte des Ersten Weltkriegs. Überhaupt fehlt es in vielem noch an theoretischen Konzepten und Definitionen. Ein Problem ist sicherlich, dass es reine Rüstungsunternehmen nicht gegeben hat; vielmehr – und die florierende Unternehmensforschung hat dies nachdrücklich unterstrichen – haben

Rüstungspolitik

die Firmen Fertigprodukte für zivile und militärische Verwendung hergestellt. Der materielle Rüstungsbereich wurde von N. ZDROWOMYSLAW und H.-J. BONTRUP [327: Die deutsche Rüstungsindustrie, 46–50] deshalb in einen engeren und einen weiteren Begriff unterteilt. Der weitere Begriff umfasse demnach die Bedeutung des Militärs als Wirtschaftsfaktor in seiner gesamten Ausprägung, während der enger gedachte Begriff die Produktion von Waffen und Rüstungsgütern einschließe. Freilich stößt dieser erste Versuch einer Bewältigung des Phänomens sehr schnell an seine Grenzen, da selbst Waffensysteme immer auch für den zivilen Markt produzierte Teile enthalte, die von einzelnen Zulieferfirmen gefertigt werden.

Enger und weiter Begriff von Rüstung

3.3 Sozialgeschichte

Die (Struktur-)Sozialgeschichte zählt zu den längst etablierten Subdisziplinen des Gesamtfaches; ihren endgültigen Siegeszug trat sie in den späten 1960er und den 1970er Jahren an. Sie entstand in Abgrenzung zur alten Politik- und Ereignisgeschichte, die, „von oben“ aus- und normativ vorgehend, noch in der Staatsperspektive der Monarchen, Minister und Generäle Geschichtswissenschaft betrieben hatte. Zu den klassischen Betätigungsfeldern der Sozialgeschichte zählen soziale Strukturen und Prozesse, Bewegungen und Institutionen, Klassen und Schichten, Konjunkturen und ökonomische und soziale Krisen. Gefragt wird nach strukturellen Bedingungen von sozialer Ungleichheit, nach den Hintergründen ökonomischen und sozialen Wandels, Formen der Sozialisation und der Vergesellschaftung, nach in Gruppen vorhandenen Normen und Werten. Da die Militärgeschichte nach 1945 sich sozialstrukturgeschichtlichen Fragestellungen und Methoden schon sehr bald nach deren Aufkommen gegenüber öffnete, fehlt es nicht an einer ganzen Reihe derart inspirierter, vor allem in den 1970er und 1980er Jahren erschienener Studien. Erkenntnisleitendes Interesse in dieser Zeit war vor allem die Überprüfung der Sonderwegsthese und die Reichweite der Militarisierung (in Fortentwicklung der liberalen Militärkritik des 19. Jahrhunderts). Wie M. FUNCK [69: Militär, Krieg und Gesellschaft] resümiert, kristallisierte sich die militärhistorische Forschung deshalb um drei Schwerpunkte: Erstens die innere Geschichte des militärischen Apparates, die soziale Struktur des Offizierkorps, die politisch-ideologische Ausrichtung der militärischen Eliten sowie Reproduktion und Produktion sozialer Ungleichheit innerhalb der Armee, zweitens „das Militarismus-Syndrom, die militärische Durchdringung

Aufgaben der Sozialgeschichte

Drei Schwerpunkte der Sozialgeschichte

ziviler Gesellschaftsbereiche" und drittens „das Militär als Instrument der antidemokratischen Herrschaftssicherung".

Im Zuge der florierenden Adels- und Elitenforschung wurde das aus über 30000 Offizieren bestehende Offizierkorps häufig untersucht. In der wissenschaftlichen Diskussion stehen vor allem zwei Grundannahmen [262: M. R. STONEMAN, Bürgerliche und adlige Krieger, 25–29]. Die erste Interpretation geht vom Primat der sozialen Herkunft der Offiziere aus, die durch die enorm wirkungsmächtige kulturelle Prägung der adligen Männer eine Feudalisierung oder Assimilierung der bürgerlichen Offiziere bewirkt habe, so dass das als adlig, aristokratisch oder feudal charakterisierte Korps aufgrund seiner konservativen, rückständigen politischen Haltung und der fehlenden Aufgeschlossenheit gegenüber Neuerungen eine der Hauptursachen für die unglückliche innenpolitische Entwicklung des Kaiserreichs gewesen sei [236: W. DEIST, Geschichte des preußischen Offizierkorps]. Zwar habe die Bürgertumsforschung, wie M. FUNCK [69: Militär, Krieg und Gesellschaft, 172] zu Recht betont, die These von der Feudalisierung des deutschen Bürgertums anhand ganz unterschiedlicher Bereiche und Felder systematisch widerlegt, dabei jedoch das Militär bisher eher vernachlässigt. Im Gegensatz zu dieser Sicht, die das Offizierkorps als Geburtsstand fasst, geht der zweite Interpretationsstrang vom Offizierkorps als Berufsstand aus. Dieser sei, trotz aller noch vorhandenen, gleichwohl auf dem Rückzug befindlichen adligen Monopolrechte, weit reichenden und fundamentalen Professionalisierungs- und Modernisierungsprozessen unterworfen worden. Die militärische Fachausbildung sei verbessert und standardisiert worden, die allgemeinen Bildungsvoraussetzungen für den Offizierberuf seien gestiegen und die Anpassung an funktionale Zwänge erreicht worden [262: M. R. STONEMAN, Bürgerliche und adlige Krieger].

Offizierkorps als Geburts- oder als Berufsstand

In den Blickpunkt der Forschung rücken damit soziale Herkunft und Sozialisation der Offiziere, der Alltag in Kaserne und Casino, die Arbeitsbedingungen auf dem Übungsplatz und im Manöver, kulturelle Prägung und soziale Netzwerke (immer noch ein Klassiker ist die Arbeit von K. DEMETER [237: Das Deutsche Offizierkorps]), Aufstiegschancen und Beförderungspraxis [253: H. MEIER-WELCKER, Geschichte des Offizierkorps] sowie das über Institutionen und Einrichtungen wie etwa den Generalstab zu verortende Leistungsvermögen der Männer. Die methodischen Zugänge erstrecken sich erstens über den Einsatz quantitativer Zugriffe, etwa über die Auswertung von Rang- und Beförderungslisten, zweitens über einen gruppenbiographischen Zugang, der die familiären, aber auch jahrgangs- und regimentsspezifischen Netz-

Lebenswelt und Sozialisation

werke offen legt, drittens über sozialstratifikatorische Methoden, indem Arbeits- und Lebensverhältnisse in bestimmten militärischen Einheiten, einzelnen Garnisonsorten oder Familien- und Adelssitzen untersucht werden, sowie viertens über biographisch orientierte Arbeiten. Letztere widmeten sich zumeist bedeutenden Militär- und Außenpolitikern sowie hochrangigen Militärs; die Memoirenliteratur von Offizieren ist ebenso wie die breit aufgestellte Biographieliteratur sehr reichhaltig. Hinzu kommt das Problem, dass die Publikationen von und über Offiziere, die erst nach 1914 oder später noch, erst im Zweiten Weltkrieg in hohen Positionen saßen, deshalb scheinbar über die Verhältnisse des 19. Jahrhunderts gar nichts oder nur wenig verraten. Tatsächlich hat dieser Personenkreis als junger Offizier seine Sozialisation und die wichtigen prägenden Erfahrungen in der Zeit deutlich vor 1914 gemacht wie etwa Friedrich Fromm (1888–1945), August von Mackensen (1849–1945), Erich von Falkenhayn (1861–1922), Helmuth von Moltke (1848–1916) oder Wilhelm Groener (1867–1939) [251: B. R. KROENER, Heimatkriegsgebiet; 261: T. SCHWARZMÜLLER, Kaiser und Führer; 202: H. AFFLERBACH, Falkenhayn; 207: R. G. FOERSTER, Moltke; 247: J. HÜRTER, Groener]. Einblicke in das Selbstverständnis des Offizierkorps und die Wirkungsmächtigkeit ihres Handelns verschaffen auch Untersuchungen, die sich mit den einzelnen Institutionen des Militärs befassen. Eine herausragende Rolle spielte der Große Generalstab; untersucht wurden Entstehung, Ausformung und Umsetzung der dort entwickelten strategischen Doktrinen, Personal und Netzwerke sowie Rolle und Funktionalität der Einrichtung im Gefüge von Militär, Rüstungs- und Außenpolitik und Staat [174: A. BUCHOLZ, Moltke; 239: S. FÖRSTER, Der deutsche Generalstab].

Biographische Zugänge

Breiteren Raum hat noch die militärische Sozialisation und Ausbildung der Soldaten, vor allem der angehenden Offiziere, eingenommen [265: J.-K. ZABEL, Das preußische Kadettenkorps; 257: J. MONCURE, Forging the King's Sword; 238: S. FÖRSTER, Militär und staatsbürgerliche Partizipation]. Auch die Bezüge zwischen historischer Bildungsforschung und Militärgeschichte sind, wenn auch längst nicht ausreichend, hergestellt worden [260: K. SAUL, Der Kampf um die Jugend; 255: M. MESSERSCHMIDT, Militär und Schule; 263: H. STÜBIG, Bildung, Militär und Gesellschaft].

Leben und arbeiten einfacher Soldaten

Im Vergleich zu den Offizieren sind die Lebens- und Arbeitsverhältnisse unterer Dienstgrade, also der Unteroffiziere und einfachen Soldaten, nur sehr wenig erforscht worden. Diese Schieflage ist nicht nur auf die lange Zeit beobachtete Perspektive von oben zurückzuführen, sondern hängt auch mit der Quellenlage zusammen, da die einfachen Menschen zumeist nur selten Selbstzeugnisse hinterlassen haben. Auch die boomende Zeitzeugenforschung konnte nicht wirklich genutzt werden, da zu Beginn der oral history in den frühen 1980er Jahren jene Zeugen, die über die Zeit vor 1900 hätten berichten können, bereits verstorben waren. Dagegen konnten durch Befragungen der Nachgeborenen für den Ersten Weltkrieg und die Zeit danach immerhin viele Einblicke gewonnen werden.

Die Rekonstruktion des Alltags der Soldaten mit seinen Arbeits- und Lebensverhältnissen muss somit vornehmlich über den Verwaltungsschriftverkehr erfolgen. Die Auswertung interner Berichte und Memoranden, Handlungsanweisungen, Strafrechtsakten und den Schriftverkehr zwischen den Militärbehörden mittels der klassischen Aktenanalyse können weitere Aufschlüsse erbringen. Freilich gilt es zu bedenken, dass das Preußische Heeresarchiv vernichtet worden ist und damit der Erforschung zumindest des preußischen Militärs empfindliche Grenzen gesetzt sind. Demgegenüber sind die Bestände in Archiven der anderen deutschen Länder, etwa in Dresden, Stuttgart oder München, nur wenig oder gar nicht in Mitleidenschaft gezogen worden.

3.4 Frauen- und Geschlechtergeschichte

Der wohl größte Abstand zwischen der traditionellen Militärgeschichte und den neuen Richtungen des Gesamtfaches bestand wohl zur Frauen- und Geschlechtergeschichte. Lange litt die Perspektive der Militärhistoriker an der doppelten Männlichkeit, betrieben von fast ausschließlich Männern wurden auch nur Männer als Akteure und Protagonisten im historischen Ablauf wahrgenommen. Weder wurden Rolle und Funktion von Frauen in der Militärgesellschaft ausreichend untersucht noch Konstruktion und Zuordnung von Geschlechterbildern hinreichend ausgeleuchtet, so dass etwa auch kulturell und sozial konstruierte Männlichkeiten oder Beziehungen als Männer zu anderen Männern wie zu Frauen unbeachtet geblieben sind. Wie K. Hagemann zu Recht beklagt, blende die Forschung so „die Bedeutung von Geschlechterbildern bei der diskursiven Konstruktion von Soldaten- und Kriegerbildern wie bei der Mobilisierung von Kampf- und Kriegsbereitschaft im Heer wie an der Heimatfront oder auch die Bedeutung von Militär und Krieg für die Ausformung von Geschlechterbildern und Geschlechterbeziehungen und die Ausgestaltung der individuellen und gesellschaftlichen Handlungsspielräume beider Geschlechter" aus [71: Venus und Mars, 15]. Mittlerweile wurde verstärkt auf die aktive Beteiligung von Frauen in Krieg und Militär hingewiesen und ein zuweilen überra-

Doppelte Männlichkeit

Handlungsspielräume von Frauen

schend ausgeprägtes Maß an Handlungsspielräumen in einer scheinbar ausschließlich von Männern dominierten Welt ausgemacht. So hat es bis weit in das 19. Jahrhundert hinein die für das 17. und 18. Jahrhundert beschriebene Lebensgemeinschaft von Soldat und Frau gegeben, bei der die Frau zusammen mit ihrem Mann nicht nur in Quartier und Kaserne wohnte und arbeitete, sondern ihn auch in den Feldzug und die Schlacht begleitete und versorgte. Hinzu kam die für das Militär notwendige Beschäftigung der Frauen als Näherinnen, Wäscherinnen oder Marketenderinnen. Als Wendepunkt hat die Forschung die revolutionären Ereignisse in Paris ausgemacht, in denen Frauen von Krieg und Militär ausgegrenzt werden sollten. Während ein Teil der Forschung den Tatbestand von Misogynie, symbolischer Ausgrenzung und Abwertung sowie einer Sexualisierung der Geschlechterbeziehungen als erfüllt ansieht [301: C. OPITZ, Der Bürger wird Soldat], urteilen andere, wie etwa E. PELZER, zurückhaltender und verweisen auf weiter fortbestehende politische Handlungsspielräume der Frauen. PELZER [302: Frauen, Kinder und Krieg, 19] untersucht dabei, wie sich die Modernisierung der Armeen auf die traditionell fixierten Geschlechterrollen auswirkte, und verfolgt zugleich die Frage nach der politischen Identität der Frauen, die als „Citoyennes" nicht nur das Bürgerrecht, sondern auch das Waffenrecht einfordern.

Französische Revolution und die Ausgrenzung der Frau

Wenn auch die Reichweite der Forderungen weiter diskutiert und vor allem auf die nur zögernde und erst über einen längeren Zeitraum hinweg sich abzeichnende Entwicklung verwiesen wird, so besteht in der Forschung über die Zielsetzung kaum einen Zweifel: Es sollten im Zuge der Militärreformen zu Beginn des 19. Jahrhunderts über Wehrpflichtkonzept und Nationalisierung der Armee der Tross abgeschafft und Frauen ausgegrenzt werden. Dass Frauen trotzdem aktiv als Kombattanten am Kampfgeschehen teilgenommen haben, ist für die bewaffneten Konflikte der Koalitionskriege und die Befreiungskriege [296: K. HAGEMANN, „Mannlicher Muth und Teutsche Ehre", 383–393; 302: E. PELZER, Frauen, Kinder und Krieg] und noch mehr für Vormärz und Revolution von 1848/49 [297: G. HAUCH, „Bewaffnete Weiber"] aufgedeckt worden. An den „Rändern der Armee" oder unter der Bedingung, dass über ihr „Frau-Sein" hinweggesehen werden konnte, hatten Frauen auch danach „Feld- und Fronterfahrungen" [70: C. HÄMMERLE, Von den Geschlechtern der Kriege; 235: U. BREYMAYER, „Mein Kampf"; 291: H. HACKER, Ein Soldat ist meistens keine Frau]. Zudem haben Frauen sich in „patriotischen Frauenvereinen" publizistisch betätigt und sind mit vielfältigen Aktionen wie Spendensammlungen, Pflege von Verwundeten oder anderen Tätigkeiten hervorgetreten [304:

Aktivitäten von Frauen in Krieg und Militär

D. A. Reder, Die „patriotischen Frauenvereine“; 306: J. H. Quataert, „Damen der besten und besseren Stände“]. Als Krankenschwestern schließlich wurden Frauen planmäßig für den freiwilligen Sanitätsdienst herangezogen [305: D. Riesenberger, Professionalisierung und Militarisierung].

Dichotomisch zugespitzte Geschlechterzuordnungen

Von besonderer Bedeutung für die Konstruktion von Männlichkeit und Weiblichkeit im 19. Jahrhundert war das im Laufe des 18. Jahrhunderts allmählich entwickelte Geschlechterbild bürgerlicher Provenienz. Wurden Geschlechterdifferenzen vorher wesentlich als soziale Differenzen begriffen, so wurden sie nun biologisiert, also mit den körperlichen Unterschieden von Mann und Frau, begründet. Wie K. Hagemann [292: „Heran, heran, 53] unterstreicht, wurden aus dieser diskursiven Neubestimmung dichotomisch zugespitzte und gleichsam als naturgegeben gedachte Geschlechtscharaktere konstruiert. „Als zentrale Merkmale des Mannes schlechthin galten jetzt Aktivität, Aggressivität, Kraft, Kreativität, Mut, Stärke und Tapferkeit. Der Frau wurden demgegenüber Eigenschaften wie Friedfertigkeit, Fürsorglichkeit, Schönheit, Sanftheit, Sittlichkeit und Passivität zugeschrieben“. Damit war der Rahmen gegeben für eine Vermännlichung von Krieg und Militär, für „Entwürfe wehrhaft-patriotischer Männlichkeit“ [295: K. Hagemann, Der „Bürger“ als „Nationalkrieger“, 92], die in Kombination mit der Einführung der allgemeinen Wehrpflicht die Frau dauerhaft vom öffentlichen Geschehen ausschloss und alle jungen Männer zu geborenen Verteidigern ihres Landes machte.

Wehrpflicht, Staatsbürger und Geschlechterpolarität

Aufgrund der Verknüpfung des Wahlrechts und der Teilhabe an den Staatsgeschäften mit Wehrpflicht und Waffentragen führte die anthropologisch motivierte Geschlechterpolarität zu einer Staatsbürgergesellschaft, die nur aus Männern bestand. Zugleich wurde der Mann immer stärker diesem virilen Männlichkeitsbild unterworfen, das auch die frühliberale Bewegung übernahm und die Bürgerwehren mit entsprechenden Anforderungen belegte [303: R. Pröve, „Der Mann des Mannes“; 289: U. Frevert, Soldaten, Staatsbürger]; eine Verweigerung des Militärdienstes zog darum bald den Verlust der Männlichkeit nach sich. Transportiert und manifestiert wurden diese Charaktereigenschaften über Heldengeschichten und entsprechend umgewertete Biographien von Kriegsteilnehmern [307: R. Schilling, Konstruktion heroischer Männlichkeit; 308: ders, „Kriegshelden“] oder aber auch über das Tragen von Uniformen und einem damit verbundenen strammen, aufrechten Habitus. Wie S. Brändli eingängig beschreibt, war das „Wehrkleid das sichtbarste Zeichen der Zugehörigkeit zur scheinbar identitätsstiftenden Megamännlichkeit der Illusionsmaschine Militär“

Männlichkeit und Militär

[288: Aspekte symbolischer Männlichkeit, 227]. Im späten 19. Jahrhundert hatten sich diese Männlichkeitsbilder derart verfestigt, dass bereits eine Ausmusterung dem jungen Mann die Tür zur „Schule der Männlichkeit" verschloss und ihm gravierende Nachteile und die persönliche Katastrophe drohten [290: U. FREVERT, Das Militär als „Schule der Männlichkeit"; ein konkretes Beispiel bei 235: U. BREYMAYER, „Mein Kampf", 79]. Diese „Eingeschlechtlichkeit" teilte das Militär zwar mit anderen Institutionen des 19. Jahrhunderts, wie Oberschule und Universität, jedoch waren die Ansprüche viel umfassender: „Männlichkeit ist aber nicht nur die Substanz, sondern zudem auch ein erklärtes Erziehungsziel des Militärs." [243: U. FREVERT, Das jakobinische Modell, 12]. Dass die Realität den Anspruch des Militärs als „Schule der Männlichkeit" immer wieder durchbrach, ändert an der Ausgangslage nichts. Solche Grenzbereiche haben etwa M. LENGWILER, der am Beispiel des neuen Krankheitsbildes der „Hysterie" die zeitgenössische Kritik an den integrativen und sozialpädagogischen Idealen des Wehrpflichtsystems beleuchtet [300: Jenseits der „Schule der Männlichkeit"], oder J. VOGEL, der die Geschlechterbilder im Deutschen Roten Kreuz untersucht hat [309: Samariter und Schwestern], herausgestrichen.

Grenzbereiche von Männlichkeit

Trotz dieser ersten Erkenntnisse und Einsichten ist die Reichweite des vom Militär ausgehenden und von diesem dominierten Männlichkeitsbildes und damit ein konkurrierendes Nebeneinander anderer, zivil motivierter „Männlichkeiten" bisher noch zu wenig erforscht worden. Es wäre zu vermuten, dass selbst innerhalb des Militärs, zumal in der hierarchischen Betrachtung von Offizieren und einfachen Soldaten, unterschiedliche Konzepte vorherrschten und entwickelt wurden. Ein Beispiel wären die von T. KÜHNE für die Weltkriege diagnostizierten Formen „männlicher Vergemeinschaftung" [298: Kameradschaft, 507]. Am Beispiel der so genannten rosa Regimenter und der Skandale zu Beginn des 20. Jahrhunderts wird deutlich, wie ergiebig eine systematische Erforschung der im Militär ausgelebten und kultivierten Homosexualität sein kann. Gerade die Aufdeckung des Spannungsbogens zwischen öffentlicher Verdammung und Verfolgung auf der einen und dem offenbar verbreiteten Phänomen auf der anderen Seite dürfte viel versprechend sein [245: M. FUNCK, Feudales Kriegertum].

Männliche Vergemeinschaftung

Die besondere Wirkungsmächtigkeit der konstruierten Geschlechterpolarität, die bereits im 18. Jahrhundert diskutiert worden war, setzte in den 1790er Jahren in Frankreich und dann in Deutschland im Zuge der Napoleonischen Besetzung und der Befreiungskriege ein. K. HAGEMANN hat den politischen Diskurs über Nation, Krieg und Geschlechterordnung nachgezeichnet, die verschiedenen Kriegsbilder, Vorstellungen und Diskussionsebenen analysiert und auf die katalysatorische Wirkung der Befreiungskriege hingewiesen [296: „Mannlicher Muth und Teutsche Ehre"].

3.5 Kulturgeschichte

Kulturalistische Wende

Seit etwa zehn Jahren ist in Deutschland eine kulturalistische Wende im Gesamtfach erkennbar, die in vielen Bereichen den Leitbegriff Gesellschaft durch den der Kultur abgelöst hat. In den 1970er und 1980er Jahren hatte man noch ausgiebig Strukturgeschichte betrieben und hierbei nach Strukturen gesucht, nach Mustern von Ordnung, die gleichsam hinter der historischen Erscheinungsform versteckt liegen. Diese Strukturen wurden als handlungstreibende Akteure klassifiziert. Damit hatte man einen Realismus der Strukturen geschaffen und deren Logik mit der Logik der Subjekte verwechselt. An dieser Praxis ist nicht zuletzt aus geschichtsphilosophischer Motivation Kritik geübt worden, vor allem daran, dass man die Menschen als Marionetten der Strukturen betrachtet hat. Demgegenüber will die Neue Kulturgeschichte – hierzu zählen auch Mikrogeschichte und Historische Anthropologie – mit neuen methodischen Ansätzen, etwa der Diskursanalyse, die Menschen als autonome Akteure annehmen. Deren Handeln, Deuten und Denken sei ebenso wichtig wie die entindividualisierten Strukturen. Unter „Kultur" werde die Ebene der Wahrnehmungen, Bedeutungen und Sinnstiftungen der Menschen verstanden, die sich in Texten, Ritualen oder Bildern offenbare und die Teile, oder besser Indizien umfänglicher Welt- und Gesellschaftsbilder, von Wert-, Sinn- und Orientierungssystemen seien. Mittlerweile hat sich eine Art praxeologische Kulturgeschichte etabliert, die versucht, den Gegensatz zwischen Strukturen und Akteuren aufzuheben und handlungstheoretische Konzepte anzuwenden.

Wahrnehmung, Erfahrung, Erinnerung

Die Militärgeschichte hat diese theoretische, methodische und thematische Herausforderung in den letzten Jahren punktuell angenommen. Dabei fand eine gewisse Konzentration auf die Phänomene Wahrnehmung, Erfahrung und Erinnerung statt. Große Verdienste um die Kategorie Erfahrung in der Militärgeschichte hat sich der Tübinger Sonderforschungsbereich (SFB) „Kriegserfahrungen – Krieg und Gesellschaft in der Neuzeit" erworben. In ihren Zugängen zur Erfahrungsgeschichte des Krieges haben N. Buschmann und H. Carl sich auf einen wissenssoziologischen Erfahrungsbegriff bezogen, der Wirklichkeit als permanenten sozialen Kommunikationsprozess begreift und der im Spannungsfeld von Erfahrungsraum und Erwartungshorizont von einer prinzipiellen Wandelbarkeit von Erfahrungen ausgeht. Erfahrung bezeichne individuelle Wirklichkeitsannahme mittels soziokulturell, vor allem über Sprache und Kommunikation, definierten Rahmenbedingungen [65: Zugänge zur Erfahrungsgeschichte, 17–20]. Die so aufgezeigte Spanne zwischen objektivierbaren Ereignissen und Vorfällen auf der einen und den Deutungen und Darstellungen der Zeitgenossen auf der anderen Seite läuft auf ein hohes Maß an Quellenkritik und methodischer Umsicht hinaus. So können etwa Feldpostbriefe und Memoiren von Kombattanten immer nur als Auszug von Wirklichkeit, als sprachlich gefasste und in bestimmte Erfassungsraster eingebundene Wiedergaben verstanden werden. Je nach Gruppensozialisation, je nach kollektiver Erfahrung ergeben sich ganz eigene Erfahrungen von Raum und Zeit [266: E. W. Becker, Zeiterfahrungen zwischen Revolution und Krieg; 285: U. Planert, Alltag, Mentalität und Erinnerungskultur; 286: C. Rak, Ein großer Verbrüderungskrieg]. Große Bedeutung kommt deshalb auch der medialen Darstellung von Kriegen zu, da etwa die Presse als wichtiger Teilbereich der öffentlichen Kommunikation wiederum ganz eigene Inhalte und Interessen transportierte, die als spezifische Form von Erfahrung von Krieg aber für das gesellschaftliche Wissen eminente Bedeutung hatte [272: N. Buschmann, „Moderne Versimplung" des Krieges].

Erfahrung und Religion

Eine wichtige Wechselwirkung bestand zwischen Erfahrung und Religion, da Religion die wohl entscheidende Deutungsinstanz bildete. H. Carl kann etwa am Beispiel der Revolutionskriege in Belgien aufzeigen, wie sehr konfessionelle Vorstellungen zur Deutung von Krieg und Gewalt herangezogen wurden [275: Kriegserfahrung und Religion]. Umgekehrt wurde die Bereitschaft zum Krieg religiös motiviert und der Gegner mit religiös-moralischen Argumenten delegitimiert [130: E. Pelzer, Die Wiedergeburt Deutschlands; 241: S. Förster, Der Sinn des Krieges; 276: M. Greschat, Krieg und Kriegsbereitschaft].

Erinnerungskultur

Einen zweiten Schwerpunkt bilden Erinnerung und Erinnerungskultur, da Kriege für das individuelle wie für das kollektive Gedächtnis zentrale Bedeutung haben. Erstens bilden Kriege einen markanten Eingriff in den Lebenslauf, der auch in der Erinnerung verarbeitet werden muss, um eine Sinngebung in der eigenen Schicksalsdeutung zu erzielen. Zudem stellen Kriege häufig eine Wende im individuellen wie im gesellschaftlichen Leben dar, so dass unterschiedliche Erinnerungsblöcke für eine Vorkriegs- und eine Nachkriegszeit generiert werden. Kriege kanalisieren und verengen somit Erinnerungen. Wie W. Speitkamp in der Einleitung eines Sammelbandes im Umfeld des Gießener

SFB „Erinnerungskulturen“ [269: H. Berding/K. Heller/W. Speitkamp, Krieg und Erinnerung] richtig herausstreicht, offenbare sich die Schlüsselfunktion von Kriegen für das kollektive Gedächtnis und die Erinnerungskultur einer Gesellschaft nicht nur im offiziellen Geschichtsbild oder in der Geschichtswissenschaft, sondern auch in der populären Erinnerungskultur und den vielen Erinnerungsformen, die von Gedenktagen und Denkmälern bis hin zu historischen Romanen reichen. Für das 19. Jahrhundert sind insbesondere die Erinnerungen an die Napoleonische Besetzung und die Freiheitskriege sowie die Einigungskriege, in erster Linie der Deutsch-Französische Krieg, von großer Bedeutung. Vor allem die Instrumentalisierung der Erinnerung an den Sieg über Napoleon im Jubiläumsjahr 1913 ist offenkundig. Zu einzelnen Gedenktagen und zur Denkmalskultur im Deutschen Reich liegt eine Reihe von Untersuchungen vor, in denen Verbreitung und Symbolgehalt von Denkmälern in Deutschland und der damit verbundene Totenkult erforscht worden ist [277: M. Jeismann, Vaterland der Feinde; 279: R. Koselleck/M. Jeismann, Der politische Totenkult].

Denkmalskultur

Wie stark auch die literarische Erinnerung gefärbt worden ist, zeigt R. Kipper [278: Formen literarischer Erinnerung] am Beispiel von historischen Romanen und populären Darstellungen des Kriegs von 1870/71 durch Theodor Fontane (1819–1898), Gustav Freytag (1816–1895) und Felix Dahn (1834–1912). Ob Bauwerke, ob höfische Selbstinszenierungen, ob bildliche Darstellungen, Theaterstücke oder öffentliche Feiern, wie K. B. Murr am Beispiel der bayerischen Geschichtsdeutung im Vormärz anschaulich vorlegt, ist jedes Medium recht, um Erinnerungen an vergangene Kriege zu aktuellen politischen Zwecken zu instrumentalisieren [284: Kriegsmythen in der bayerischen Geschichtspolitik].

Mythen und deren Wirkungsmächtigkeit

Zu den Erinnerungskulturen zählt auch die Bildung von Mythen und deren Wirkungsmächtigkeit. Wie D. Langewiesche herausgestrichen hat, gehört der Krieg zum „Mythenarsenal“ vieler Nationen, zum Gründungsmythos [283: Krieg im Mythenarsenal]. N. Buschmann hat etwa vor dem Hintergrund der Siegesfeiern 1871 die Inszenierung des Reichsgründungsmythos untersucht und dabei aufgedeckt, wie sehr etwa die Schlachten von Leipzig (1813), Waterloo (1815) und Metz (1870) als Marksteine auf dem Weg zur deutschen Einheit umgedeutet wurden. Der Krieg fungierte somit im nationalen Diskurs als Medium, das Schlachtfeld als Schauplatz eines Gemeinschaftswerks [274: Kanonenfeuer, 115–116].

Prägung von Nation und Staat durch Militär und Krieg

Militär und Krieg wirkten sich im 19. Jahrhundert in entscheidendem Maße auf die kulturelle Prägung von Nation und Staat aus. Zweimal wurden Kriege zu Geburtsstunden der Nation umgedeutet, einmal die Befreiungskriege, in denen ohnehin die Idee der Wehrpflicht das Militärwesen umfunktioniert hatte, und einmal die Einigungskriege, als die Nation über und mit dem Krieg gegründet wurde. War eine Folge davon die Akzeptanz von Krieg und Militär im Dienst für den nationalen Gedanken und damit die so fatale Gleichsetzung von Nation und Staat, so offenbarte sich eine andere Konsequenz in der Herausbildung von Selbst- und Fremdzuschreibungen. Auf die zentrale Rolle eines Feindbildes für den erfolgreichen Integrationsprozess wurde schon früh von der Forschung hingewiesen [81: A. Lipp, Diskurs und Praxis, 223]. Es zählt zu den Erträgen der kulturgeschichtlichen Bemühungen der Militärgeschichte, auf Entstehung und Verbreitung dieser Diskurse, Bilder und Mythen verwiesen und deren jeweilige Wirkung auf die Gesellschaft ausgeleuchtet zu haben. Freilich, und hier ist A. Lipp zuzustimmen [81: Diskurs und Praxis, 226 f.], verlässt die Militärgeschichte des 19. Jahrhunderts rasch ihr engeres Themenfeld. Während die Untersuchung der Deutungs- und Wahrnehmungsstrukturen, Welt- und Gesellschaftsbilder, Wert- und Orientierungsmuster von Soldaten sicherlich zu den zentralen Aufgabenbereichen zählt, diffundiert der gesellschaftliche Widerhall, werden Annahme und Übertragung militärischer Werthaltungen und Vorstellungen von Krieg und Gewalt in den gesellschaftlichen Kommunikations- und Interaktionsprozessen immer stärker in allgemeingeschichtliche Fragestellungen umgewandelt, etwa denen der Bürgertums- oder Nationalismusforschung, bei denen Krieg und Militär eine deutlich weniger wichtige Rolle spielen. „Hier zeichnen sich die Grenzen – oder endlosen Ufer – einer Militärgeschichte als Kulturgeschichte ab.“

3.6 Technikgeschichte

Auf den ersten Blick scheint die Berücksichtigung technikhistorischer Aspekte in der Militärgeschichte ein Selbstläufer zu sein, gehören doch Waffensysteme und Rüstungsgüter nicht nur zum Alltag der Soldaten, sondern sind auch zentrale Elemente in Gefecht und Krieg. Zu Recht hat S. Kaufmann deshalb von einem „symbiotischen Verhältnis“ von Militär und Technik gesprochen [73: Technisiertes Militär, 196]. Gleichwohl hat die Militärgeschichte das Thema bisher nur isoliert beachtet, wie Eichberg, Walle oder Kaufmann in unterschiedlicher Gewichtung betonen [88: H. Walle, Bedeutung der Technikgeschichte; 313: H. Eichberg, Militär und Technik; 319: S. Kaufmann, Kommunikationstechnik und Kriegführung]; es fehle an integralen Arbeiten, die

Symbiotisches Verhältnis von Militär und Technik

die vielfältigen Wechselbeziehungen technischer Aspekte mit Entwicklungen in Staat, Gesellschaft und Wirtschaft beachten. So habe die Operations- und Schlachtengeschichte Kriegstechnologien häufig nur als Mittel zum Zweck geschildert, Rüstungsgeschichten kaum mehr als die Produktionsbedingungen und technischen Erfindungen beschrieben und die meist reich bebilderten Technikgeschichten hätten sich in detailverliebten Beschreibungen erschöpft. Zukünftig müsse stärker auf die sozialen Konsequenzen eingegangen und die Machtverschiebungen kriegstechnisch bedingter Innovationen thematisiert werden. Ohnedies sollte unter Technik, Überlegungen M. v. CREVELDS [312: Technology] folgend, mehr als nur Waffen und Waffensysteme, sondern auch Ausrüstungsgegenstände aller Art, Kommunikationsmittel, Fahrzeuge, Gebäude oder infrastrukturelle Gegebenheiten gefasst werden.

Umfassender Begriff von Technik

Auswirkungen von Technik lassen sich somit nicht nur auf Logistik, Strategie, Operationsführung, Taktik, Aufklärung und Kommando, also die unmittelbar betroffenen Kernzonen von Militär und Krieg, nachweisen, sondern auch im Denken und Wahrnehmen der Menschen, in Gesellschaft, Wirtschaft und Kultur. Statt von einem linearen Modell auszugehen, in dem produkttechnische Entwicklungen vom Konzept bis zum Einsatz skizziert und von einer entsprechenden Einsatzdoktrin begleitet werden, müssten vielmehr in einem multilinearen Modell Eigendynamiken, ungewollte Wechselwirkungen und systemische Störungen beachtet werden [319: S. KAUFMANN, Kommunikationstechnik und Kriegführung; 323: D. E. SHOWALTER, Weapons and Ideas]. Neue Techniken unterliegen längst nicht nur technologischen Sachzwängen, zugleich können sie ein bestimmtes Kalkül der Macht oder einen besonderen Träger sozialer Disziplinierung beinhalten. Zudem geriet längst nicht jedes Projekt zum fertigen Produkt, wenn etwa trotz des unbestrittenen Rüstungsvorsprungs politisch, ökonomisch oder gesellschaftlich motivierte Bedenken Bau und Einsatz neuer Technologien verhinderten.

3.7 Politikgeschichte

An dieser Stelle die Erweiterung der Militärgeschichte um das Feld der Politikgeschichte zu diskutieren, erscheint auf den ersten Blick verwunderlich. Zu erdrückend waren geschichtsphilosophische Deutung und methodischer Ansatz, die im späten 19. und in der ersten Hälfte des 20. Jahrhunderts Geschichte primär als Ereignis- und Politikgeschichte begriffen, wobei zwangsläufig und in der Logik der Betrachter Diplomatie und Außenpolitik im Vordergrund standen. In dieser jahrzehntelang das Gesamtfach dominierenden Disziplin wurden zwar Militär und Krieg thematisiert, dabei jedoch nur als Mittel zum Zweck betrachtet, als Faktor im Kalkül der Außenpolitik begriffen. Aus Sicht der Militärgeschichte wurden somit manche Tatbestände, insbesondere die Kriegsereignisse, beleuchtet und in den Fokus der interessierten Öffentlichkeit gelenkt; freilich nur um den Preis einer sektoralen Wahrnehmung des Faches. Für die Erforschung des 19. Jahrhunderts ist vornehmlich das Verhältnis von Politik und Militär von Bedeutung.

Sektorale Wahrnehmung des Militärs von der Politikgeschichte

Lange Zeit dominierten zwei unterschiedliche Positionen die Beziehung beider Bereiche. Carl von Clausewitz begriff den Krieg als Fortsetzung der Politik unter Einmischung von anderen Mitteln und hob damit die Trennung von Politik und Militär auf. Mit dieser Vorstellung, sei, so T. Mergel [83: Politikbegriffe in der Militärgeschichte, 147 f.], auf eine Konvergenz von Militär und Politik verwiesen worden, eine Art Arbeitsteilung und ein Funktionszusammenhang, der letztlich eine Militarisierung der Politik und eine Politisierung des Militärs nach sich gezogen habe. M. Messerschmidt [214: Militär und Politik in der Bismarckzeit] und F. Fischer [206: Bündnis der Eliten] haben auf das enge Zusammenspiel von Politik und Militär hingewiesen und den Ausbruch des Ersten Weltkrieges als Folge davon interpretiert.

Funktionszusammenhang von Militär und Politik

Wenn sein vielbändiges Werk zu „Staatskunst und Kriegshandwerk" auch unter dem unmittelbaren Eindruck des Zweiten Weltkrieges geschrieben worden ist, so steht die Position von G. Ritter [54: Staatskunst und Kriegshandwerk] doch in einem größeren Zusammenhang. Demnach werden Militär und Politik als verschiedene Bereiche betrachtet. Militär solle der Politik dienstbar sein, der Soldat habe idealer Weise unpolitisch zu sein. Diese „zivilistische Vorstellung von Politik" betrachtete Krieg nur als mitunter notwendiges Übel, nicht jedoch als „autochthone staatsmännische Interessen". „Der wahre Staatsmann musste Frieden wollen und Krieg dafür in Kauf nehmen" [83: T. Mergel, Politikbegriffe in der Militärgeschichte, 145]. Vor allem unter dem Blickwinkel der Militarisierungsdebatte wurde das Verhältnis von Militär und Politik betrachtet und für die Jahre vor dem Ersten Weltkrieg der unheilvolle Einfluss des Offizierkorps auf die Politik diskutiert. Beide Ansätze, Konvergenztheorie wie Dualismustheorie, zielen eher auf Strukturen als auf Individuen ab und blenden überdies die alltags- und kulturgeschichtliche Perspektive völlig aus. Mergel plädiert deshalb für einen anderen, umfassenderen Politikbegriff, der Politik als kommunikativen Prozess fasst [83: Politikbegriffe in der Militärgeschichte, 149–156]. In eine ähnliche Richtung schlägt J. Dülffer, der sich gegen eine separierte Betrachtung von militärischem und politi-

Konvergenztheorie und Dualismustheorie

Politik als kommunikativer Prozess

schem System wendet und dabei auf die vielfach zu beachtenden Faktoren verweist, die zu politischen Entscheidungen geführt haben. Politik stelle eine relevante Handlungsautonomie innerhalb struktureller Zwänge dar. Die „politische Militärgeschichte" müsse „sich mit der Rolle auseinandersetzen, die Krieg, Gewalt, Gewaltandrohung und Sicherheit in den politischen Entscheidungen für die Gestaltung von Militär spielen" [68: Militärgeschichte und politische Geschichte, 133].

3.8 Stadtgeschichte

Die klassische Stadtgeschichte ist eher in spätem Mittelalter und Früher Neuzeit präsent, als die Kommunen eine ökonomisch, sozial und verfassungsrechtlich herausragende Sonderstellung einnahmen; gleichwohl floriert neben der nun dominierenden Bürgertumsgeschichte die Stadtgeschichte auch zum 19. Jahrhundert – freilich unter anderen Fragestellungen und methodischen Vorzeichen – und bietet in vielerlei Hinsicht militärgeschichtlich relevante Einsichten. Dies zeigen etwa die Studien zu Koblenz [232: T. Tippach, Koblenz], Nürnberg [223: T. Bruder, Nürnberg], München [228: C. Lankes, München] oder Regensburg [230: W. Schmidt, Stadt und ihr Militär].

Wenn die Städte nach den großen Reformwerken und Liberalisierungen zu Beginn des Jahrhunderts auch längst nicht mehr über ihre alteuropäischen Privilegien verfügten, so können doch die sozioökonomischen Wechselwirkungen von Militär und Gesellschaft, Alltag und materielle Basis der Soldaten und die kulturellen Verflechtungen von Garnison und Stadtbevölkerung wie unter einem Brennglas verdichtet studiert werden. Erstens wurden vor dem Hintergrund des Urbanisierungskonzepts die stadtbürgerlichen, urbanen Einflüsse auf Offiziere und Soldaten in ihren Garnisonsstädten untersucht und damit Aussagen über den Einfluss des Militärs auf die Stadt wie umgekehrt die Prägekraft städtischer Lebenswelten auf Haltung und Lebensweise der uniformierten Männer getroffen; verbunden damit ist etwa auch die Auslotung der Militarisierungsthese.

Urbanisierungskonzept

Zweitens wurden die Militärbauwerke und Kasernen in der Stadt unter architektur- und städtebaugeschichtlichem Blickwinkel beleuchtet. Wie etwa C. Lankes am Beispiel von München zeigt, haben Truppenunterkünfte, Gebäude für Kommandobehörden und Lehranstalten, Wachen und Militärgefängnisse, Versorgungseinrichtungen und Zeugwesen, Exerzier- und Paradeplätze, Lazarette, Militärseelsorge und Soldatenfriedhöfe das Stadtbild ganz entscheidend beeinflusst und be-

Militär und Städtebau

stimmt [228: München]. Damit verbunden waren zum Beispiel auch etwaige Anstöße zum Stadtausbau durch die infrastrukturelle Erschließung von Siedlungsgebiet oder die Sanierung vernachlässigter Quartiere ebenso wie die Verlagerung der Stadtmitte oder die Bildung neuer Zentren. Noch gravierender freilich waren die Auswirkungen für Festungsstädte, solche also, die auch im 19. Jahrhundert unmittelbare, über die Aufgaben einer reinen Garnisonsstadt hinausgehende militärische und strategische Funktionen wahrnahmen. T. Tippach zeichnet dies am Beispiel von Koblenz und der Festung Ehrenbreitstein nach, die eine räumliche Enge nach sich zog, den Immobilienmarkt belastete und so die Stadt regelrecht einschnürte [232: Koblenz].

Garnisons- und Festungsstädte

Drittens erhielt die zivile Stadtbevölkerung staatlich induzierte und konjunkturunabhängige Wirtschaftsimpulse; sei es, dass die Liegenschaftsverwaltung Grundstücke kaufte oder verkaufte, sei es über die Vergabe von Bau- und Reparaturaufträgen für die Militärgebäude oder sei es durch die private Kaufkraft der Garnisonsangehörigen. W. Schmidt kommt am Beispiel von Regensburg zu dem Ergebnis, dass die Errichtung der dortigen Militäranlagen zu einer Belebung des örtlichen Baugewerbes geführt hatte [230: Stadt und ihr Militär]. Da zudem die Soldaten einen erheblichen Konsumfaktor darstellten, der den Handel- und Gewerbetreibenden gute und stete Absatzmöglichkeiten bot, konnten selbst die von der Stadt aufzubringenden Infrastrukturmaßnahmen für die Garnison den insgesamt positiven Effekt nicht trüben. Es verwundert daher nicht, so das Resümee von R. Braun oder C. Irzik [222: R. Braun, Garnisonswünsche; 227: C. Irzik, Sicherheits- und Wirtschaftsmotive], dass viele Städte sich regelrecht um die Ansiedlung von Garnisonen bewarben, etwa indem sie Grundstücke kostenlos zur Verfügung stellten oder mit anderen Standortvorteilen das Kriegsministerium lockten.

Wirtschaftsimpulse durch das Militär in der Stadt

Als vierter Schwerpunkt wurde das Verhältnis von Garnison und Stadtbevölkerung untersucht. Zwar können auch negative Begleitumstände, Ehrhandel und Schlägerei, Misshandlung oder Prostitution [228: C. Lankes, München, 616–649] ausgemacht werden, insgesamt scheinen aber doch die positiven Auswirkungen von Garnison und Stadtbevölkerung zu überwiegen. So werden Kontakte zwischen Einheimischen und Soldaten in den Straßen, auf dem Marktplatz oder in den Kneipen beschrieben, Indizien und Hinweise auf Freundschaften und Heiraten zwischen der Stadt- und der Garnisonsbevölkerung diskutiert, der Anteil des Militärs am zivilen Vereinsleben beleuchtet und der intensive gesellschaftliche Umgang von Offizierkorps und den Honoratioren der Stadt aufgedeckt. T. Tippach spricht von einer „Integration

Militär und Alltag in den Städten

der bewaffneten Macht durch die Mitgliedschaft in Vereinen oder durch das Konnubium" [232: Koblenz, 293]. Es sollte auch nicht vergessen werden, dass eine flächendeckende Kasernierung des Militärs erst um 1900 erreicht werden konnte, so dass bis dahin in nicht wenigen Städten noch die seit dem 17. Jahrhundert bewährte Praxis der Einquartierung in Bürgerhäusern befolgt wurde [230: W. Schmidt, Stadt und ihr Militär]. Damit war eine besondere intime Plattform für den Austausch von Stadt- und Militärbevölkerung gegeben.

Militär als Faktor der inneren Sicherheit

Das Militär als Faktor der inneren Sicherheit in den Kommunen und die damit verbundenen städtischen Bedürfnisse sowie die Sicherheitskonzepte von Generalität und Kriegsministerium bilden den fünften Forschungsschwerpunkt. Analog zur politischen und gesellschaftlichen Entwicklung im 19. Jahrhundert gestalten sich die Konzepte der inneren Sicherheit. Während das Besitzbürgertum und die politische Führungsschicht um den Magistrat im unruhigen Vormärz und – angesichts der revolutionären Ereignisse – auch in den Jahren nach 1848, zumal, wenn es durch Industrieunternehmen in der Stadt zur quantitativ bedeutsamen Ansiedlung von Fabrikarbeiterfamilien gekommen war, gerne eine Garnison in der Stadt beherbergen wollte [227: C. Irzik, Sicherheits- und Wirtschaftsmotive], sahen anfangs Frühliberale und später die Arbeiterschaft die Präsenz von Militär eher mit Argwohn. Eingehend wird das schwierige Verhältnis der Armee zur Sozialdemokratie in München beschrieben [228: C. Lankes, München, 455–469] oder die alltäglichen Zwistigkeiten und gelegentlichen Kämpfe zwischen Soldaten und Arbeitern in Berlin beleuchtet [233: G. Wittling, Zivil-militärische Beziehungen]. Trotz zunehmender Entlastung und sukzessiver Ablösung durch Gendarmerie und Polizei blieb das Militär lange Zeit für die Aufrechterhaltung von Ruhe und Ordnung im öffentlichen Raum zuständig. Offensichtlich gehörten demnach Ehrenwachen vor öffentlichen Gebäuden, Patrouillengänge, nächtliche Razzien in Kneipen und die Kontrolle an den Stadttoren das ganze Jahrhundert hindurch zu den typischen Erscheinungsformen deutscher Garnisons- und Festungsstädte. Den Sicherheitsbedürfnissen der Stadt standen die Konzepte der Armeeführung gegenüber, die nur selten wirklich deckungsgleich waren. Vielmehr lagen bei der Dislozierung der Truppen stets stadtübergreifende, die Sicherheitsinteressen des ganzen Landes oder der ganzen Provinz betreffende Motive und weit reichende strategische Überlegungen zugrunde.

Ein letzter, sechster Schwerpunkt ruht auf den öffentlichen Auftritten und Selbstinszenierungen des Militärs in der Stadt. Mit seiner minutiösen Untersuchung der Repräsentationstechniken des Militärs in

München hat C. Lankes überzeugend auf die nachhaltige Sichtbarkeit des Militärs im öffentlichen Straßenraum hinweisen können. Demnach wurden nach einem fest gefügten Plan reguläre Paraden, Fest- und Siegesparaden sowie tägliche Aufmärsche veranstaltet. Insgesamt jedoch zeichnet Lankes ein eher „differenziertes Bild vom Militarismus in München" [228: München, 495].

4. Kernprobleme

4.1 Militarismus und Militarisierung

Zu den zentralen Interpretamenten und Beschreibungskategorien zum 19. Jahrhundert gehört der Forschungsbegriff vom Militarismus bzw. von der Militarisierung. Mit den Worten R. Kosellecks ist dieser Terminus einer der zentralen Sammlungs- und Bewegungsbegriffe des modernen Sprachgebrauchs, mit denen die Strukturen der bürgerlichen Gesellschaft erschlossen werden. Militarismus ist zudem vor allem „eine der letzten und beständigsten Bastionen der These vom deutschen Sonderweg" [344: B. Ziemann, Sozialmilitarismus und militärische Sozialisation, 153], indem im Deutschen Reich durch die besonderen Sonderrechte und Einflussmöglichkeiten des Militärs auf Staat, Verfassung, Wirtschaft und Gesellschaft eine vom westeuropäischen Entwicklungspfad her abweichende autoritäre, antidemokratische, eben militaristische Entwicklung eingetreten sei, die letztlich in die beiden Weltkriege und die nationalsozialistische Gewaltherrschaft geführt habe. Die Erforschung des Phänomens begann bereits sehr früh; vereinzelt haben Zeitgenossen im späteren Kaiserreich die Dominanz des Militärs beklagt und in den 1920er Jahren ist eine ganze Reihe von Arbeiten entstanden, die den Ersten Weltkrieg als unmittelbare Folge des Militarismus begriffen haben [einzelne Beiträge in 331: V. R. Berghahn, Militarismus]. In einem Sammelband von W. Wette wurden verschiedene Kritikpunkte der Kaiserzeit am Militarismus beschrieben; so etwa die Katholische Militarismuskritik [340: D. Riesenberger, Katholische Militarismuskritik], die publizistische Tätigkeit von Quidde [334: K. Holl, Militarismuskritik in der bürgerlichen Demokratie], die als „Dekorationsmilitarismus" beschriebene Kritik aus sozialdemokratischer Feder [338: B. Neff, „Dekorationsmilitarismus"], von Frauen [336: U. Kätzel, Militarismuskritik sozialdemokratischer Politikerinnen] oder sogar von Offizieren [328: D. Bald, Offizier als Kritiker des preußisch-deutschen Militarismus].

Thesen von Militarisierung und Sonderweg

Zeitgenössische Militarismuskritik

Militarismus als politisches und verfassungsrechtliches Phänomen

Nach 1945 wurde Militarismus vornehmlich als politisches und verfassungsrechtliches Phänomen begriffen, G. RITTERS Definition, Militarismus sei „ganz allgemein das einseitige Überwiegen militanter, kämpferischer Züge in der politischen Grundhaltung eines Staates" [54: Staatskunst und Kriegshandwerk] besaß lange Zeit beinahe kanonischen Charakter. Erst in den 1970er Jahren kamen sozial- und kulturhistorische Aspekte hinzu. So hat E. WILLEMS aus kulturanthropologischer und soziologischer Perspektive den preußisch-deutschen Militarismus als „Kulturkomplex im sozialen Wandel" beschrieben [343: Der preußisch-deutsche Militarismus]. Zugleich wurden die Ursachen für den Militarismus in Deutschland zeitlich immer weiter zurückgelegt; nunmehr galten die Anfänge des Stehenden Heeres in der Mitte des 17. Jahrhunderts gleichsam als Ausgangspunkt der Gesamtentwicklung. Parallel zu dieser dramatischen zeitlichen Ausdehnung wurde auch räumlich das Phänomen in einem globalen Zugriff erheblich ausgeweitet. W. WETTE zum Beispiel hat verschiedene Militarismustypen ausgemacht und etwa zivil-militärische Beziehungen in der Dritten Welt mit den militärisch-industriellen Komplexen der Ersten Welt verglichen [342: Militarismus in Deutschland].

Militarisierung als Kulturphänomen

Internationale Debatte und vergleichende Analyse

Mittlerweile hat sich eine internationale Debatte entwickelt; als fruchtbar erweisen sich vergleichende Ansätze, da die einzelnen beobachteten Phänomene im jeweiligen Land tiefenschärfer beurteilt werden können. So haben etwa J. VOGEL Deutschland und Frankreich und C. JAHR Deutschland und Großbritannien miteinander verglichen [341: J. VOGEL, Der „Folkloremilitarismus"; 335: C. JAHR, British Prussianism]. Als „mentale Aufrüstung" begreift M. INGENLATH Militarisierungstendenzen in Frankreich und Deutschland [339: Mentale Aufrüstung], die er über Heeresverfassung und Wehrpflichtsystem, das Wirken von Nationalismus und Patriotismus in Schule und Freizeit, Armeestrukturen und Symbole der Militärideologie greifen will.

Quellenbegriff Militarismus

In den letzten Jahren sind Militarismus und Militarisierung vorsichtiger und differenzierter beurteilt worden. B. ZIEMANN verfolgt die Entstehung des Quellenbegriffs Militarismus, der in den 1860er Jahren aufkam, „als antipreußische Parole durch Partikularisten, Demokraten und Katholiken in Baden, Bayern und Württemberg" [344: Sozialmilitarismus und militärische Sozialisation, 150]. Im Wilhelminismus wurde diese antipreußische Parole semantisch weiter aufgeladen; dessen polemischer Ursprung hat maßgeblich dazu beigetragen, die Quellendimension „in trügerischer Eindeutigkeit und Bruchlosigkeit" mit dem Interpretationsrahmen gleichzusetzen und dabei ein negatives und von oben ausgehendes, von Reichsregierung, Generalstab und bestimmten Interessenverbänden initiiertes Fremdbild zur Manipulation und Indoktrination der preußisch-deutschen Gesellschaft zu zeichnen. Mit sozial-, alltags- und kulturgeschichtlichen Fragestellungen wurden einerseits Reichweite und Ausprägung einer wie auch immer gearteten Militarisierung ausgelotet, andererseits die Generatoren und Transmissionsriemen von Militarisierungsprozessen erforscht.

Ausdifferenzierung des Militarismusbegriffs

Eine Folge davon ist die Ausdifferenzierung des Militarismusbegriffs. Lange hat man unter Sozialmilitarismus die Übertragung militärischer Wertvorstellungen auf breite Bevölkerungsgruppen verstanden. Nach H.-U. Wehler seien die Privilegierung der Ehrvorstellungen des Berufsoffiziers, die starke Ausbreitung von Habituszügen des Militärs in der zivilen Gesellschaft, das „Strammstehen" vor dem Militär, „bis in die letzten Winkel" vorgedrungen [55: Deutsche Gesellschaftsgeschichte, 3, 880–885]. Mittlerweile hat die Forschung die Prozesse verhaltener beurteilt und ihr Augenmerk auf lebensweltlich begründete und „unten" generierte Militarisierungsprozesse gelegt. Die Menschen, vor allem die jungen Männer, aber auch Frauen, hätten von sich aus eine starke Hinwendung zum Militär entwickelt. Über Kriegervereine und Reservistenverbände [169: E. Trox, Militärischer Konservativismus; 216: T. Rohkrämer, Der Militarismus der „kleinen Leute"] habe sich ein Folkloremilitarismus [341: J. Vogel, „Folkloremilitarismus"], ein Gesinnungsmilitarismus kultiviert und verbreitet. Entscheidende Kausalität für diese Disposition unterer und mittlerer Bevölkerungsschichten liege in Wehrpflicht und Kasernierung. So habe die Wehrpflicht die jungen Männer in eine neue, vielleicht auch erschreckende, aber doch faszinierende Welt gezogen, die nicht zuletzt gegenüber der Eintönigkeit auf dem Land oder den erheblichen Kontrollmechanismen in den städtischen Gewerbemilieus neue Frei- und Artikulationsräume ermöglicht habe; es sei eine integrative Wirkung entfaltet worden, die nicht nur die Nationsbildung nach 1871 erfahrbar, sondern auch den eigenen Status spürbar aufgewertet habe [243: U. Frevert, Das jakobinische Modell; 244: dies., Die kasernierte Nation]. B. Ziemann hat diese Deutung wegen der „notorischen Quellen- und Interpretationsprobleme" und der ebenfalls vorhandenen gegenläufigen Tendenzen während der Ausübung der Wehrpflicht hinterfragt [344: Sozialmilitarismus und militärische Sozialisation, 154–159].

Folkloremilitarismus, Gesinnungsmilitarismus

Zu diesen jeweils sozialsektoral verorteten Militarisierungsprozessen kommen zeitlich begrenzte Phasen der Militarisierung im Kaiserreich hinzu. So hat F. Becker einen auf den Einigungskriegen, vor

Synthetischer Militarismus

allem dem Deutsch-Französischen Krieg, fußenden synthetischen Militarismus diagnostiziert, der etwa bis 1890 währte. In diesem synthetischen Militarismus habe das Massenengagement der Bevölkerung und deren staatliche Lenkung eine ganze besondere Wirkung entfaltet: „Damit wurde die Mobilmachung zum Symbol für ein effektives Ineinandergreifen von Gesellschaft und Staat, von bürgerlicher und konservativer Militärtradition" [329: Strammstehen vor der Obrigkeit, 96 f.]. Dieser durch die medial aufgezäumte Erinnerungskultur an den Krieg von 1870/71 gefütterte Militarismus war damit an einer charakteristischen Dopplung orientiert. Es ging, so BECKER, um Partizipation, um die selbstbewusste Teilhabe der Nation an der bewaffneten Macht und gleichzeitig um die Akzeptanz von durch Leistung und Professionalität legitimierten Führungsansprüchen. Damit sei der Gegensatz zwischen einem rechten Militarismus, der die Armee mit den traditionellen Obrigkeiten identifiziert, und einem linken Militarismus, der gegen diese Obrigkeiten seine Konzepte von Miliz und Nationalbewaffnung ins Feld führt, eingeebnet [330: F. BECKER, Synthetischer Militarismus, 130 f.].

Doppelter Militarismus

Für die Zeit nach 1890 bis zum Ersten Weltkrieg hat S. FÖRSTER einen doppelten Militarismus ausgemacht. Militarismus bedeute „die Zweckentfremdung der Streitkräfte für die innere Politik und/oder für die Aggression nach außen und damit eng zusammenhängend die Überbetonung der Militärpolitik gegenüber anderen Bereichen der Politik" [314: Der doppelte Militarismus, 6]. Damit richte sich der doppelte Militarismus einerseits auf die innere Stabilität eines Gemeinwesens und sei andererseits die Voraussetzung einer aggressiven Außenpolitik. FÖRSTER trennt einen konservativen Militarismus, der von Offizierkorps, Militärkabinett, Kaiser und Kriegsministerium vertreten wurde, von einem bürgerlichen Militarismus, der über die rechtsradikalen Agitationsvereine imperialistische Ziele vertrat und einen möglichst weitgehenden Ausbau der Streitkräfte verlangte.

Integrationsmilitarismus

Unter Fortführung des Modells vom synthetischen Militarismus hat B. R. KROENER [337: Integrationsmilitarismus] den Ansatz von einem Integrationsmilitarismus aufgestellt. So habe der Generationswechsel um 1890 viel stärker eine Professionalisierung der Offiziere nach sich gezogen, der maßgeblich die Entwicklung vom Geburtsstand zum Berufsstand bewirkt habe. Er widerspricht hier S. FÖRSTER, da sich Adel und Bürgertum gerade über die Professionalisierung viel stärker angenähert hätten und es über Leistungskonkurrenz und den bürgerlich geprägten Wirtschaftsimperalismus, der hinter dem Schlachtflottenbau gestanden habe, viel stärkere Berührungsflächen gegeben habe.

4.2 *Gewalt und Totaler Krieg*

Definition von Krieg und Frieden

Von der historischen Friedensforschung, aber auch von Staatsrechtlern wird um die Definition von Krieg und Frieden gerungen. Während die politischen, technischen und ökonomischen Entwicklungen des 20. und 21. Jahrhunderts eine solche begriffliche Festlegung erschweren, lässt sich für das 19. Jahrhundert zumindest auf der Grundlage der Arbeiten von C. v. CLAUSEWITZ einiges festhalten. CLAUSEWITZ [5: Vom Kriege] begreift den Krieg als zwischenstaatliche Auseinandersetzung, Kriege können also nur, ganz im Sinn des frühneuzeitlichen Staatsrechts, von Staaten erklärt und geführt werden. Außerdem grenzte er den Krieg räumlich und zeitlich, auch personell ein: Er unterschied zwischen Kombattanten und Nichtkombattanten, zwischen Front und Hinterland, zwischen Kriegs- und Friedenszeiten und zwischen Exekutivkräften für das Innere eines Landes und der bewaffneten Macht nach außen. Freilich wurde diese Zielvorstellung bereits von den Konflikten des 19. Jahrhunderts in Frage gestellt. Die weiteren Diskussionen verlaufen in zwei Hauptsträngen. Zum einen wird nach den Ursachen und Entstehungsbedingungen weltweiter Kriege unter totalem Einsatz der zur Verfügung stehenden Mitteln gefragt, zum anderen Formierung und Praxis von Gewalt diskutiert.

Totaler Krieg

Obwohl bereits im 18. Jahrhundert (etwa Spanischer Erbfolgekrieg oder Siebenjähriger Krieg) militärische Auseinandersetzungen die Dimension weltweiter Kriegsschauplätze angenommen hatten, werden doch erst die Revolutions- und Napoleonische Kriege 1792 bis 1815 als Weltkrieg klassifiziert. [104: S. FÖRSTER, Weltkrieg]. Zugleich wird dieser Krieg auch als erster Waffengang mit totalen Zügen beschrieben. Als Kriterien gelten Politisierung und Ideologisierung des Krieges, wie E. FEHRENBACH unterstrichen hat: „Dabei veränderte die Revolution ebenso den Krieg, der als Kreuzzug für die Freiheit einen ideologischen Charakter annahm, wie der Krieg die Revolution, die in ihre radikale jakobinische Phase eintrat. Ganz offensichtlich wurde somit die Ideologisierung des Krieges von der Revolution und die Radikalisierung der Revolution vom Krieg beeinflusst“ [103: Die Ideologisierung des Krieges, 57]. Eine Trennung von Außen- und Innenpolitik war damit ebenso nicht mehr möglich wie zwischen den Krieg führenden Parteien und der Zivilbevölkerung. „Die Französische Revolution war ein entscheidender Schritt zur Totalisierung des Krieges. [...] Denn nunmehr wurde die ganze Nation für den Krieg mobilisiert“ [348: A. HERBERG-ROTHE, Krieg, 33]. Grundlegend war auch die Umwertung des Krieges, der nunmehr – verbunden mit einer massiven Delegitimationsstrategie des Gegners – moralisch aufgewertet und positiv konnotiert wurde. E. Wolfrum spricht in diesem Zusammenhang von den beiden militärischen Revolutionen; die erste zwischen 1500 und 1800 habe die Verbesserung von Feuerwaffen, Verwissenschaftlichung der Kriegführung und die Schaffung Stehender Heere bewirkt, die zweite aus dem Geist der Revolution von 1789 allgemeine Wehrpflicht und totale Dienstpflicht eingeführt [57: Krieg und Frieden, 56 f.].

Nicht alle Forscher wollen dieser Zäsur folgen; sie verweisen darauf, dass mit dem Wiener Kongress zunächst die alte Ordnung und die frühere Form der Kriegführung wieder hergestellt wurde [345: M. v. Creveld, Die Zukunft des Krieges], und sehen in den Jahren um 1800 nur den Beginn einer Entwicklung, die in einer Art Stufenmodell vom Krimkrieg über den Amerikanischen Bürgerkrieg und den Deutsch-Französischen Krieg direkt in den Ersten Weltkrieg führt.

Staatenkriege vs. Gewalt auch ohne Staat und Krieg

Ein anderer Forschungsschwerpunkt umfasst die Entkoppelung von Krieg und Staat. Während die Untersuchung von „Staaten-Kriegen" ihr Augenmerk ganz im Sinne von Clausewitz vornehmlich auf den formalen Aspekt legt, eröffnet der Fokus auf kriegerische Gewalt schlechthin, ja sogar überhaupt auf Gewalt, sei sie physischer oder psychischer Natur, soziologische und anthropologische Perspektiven.

III. Quellen und Literatur

Es gelten die Siglen der Historischen Zeitschrift.

A. Gedruckte Quellen

1. T. ABBT, Vom Tode für das Vaterland, 2. Aufl. Berlin 1780.
2. J. BECKER (Hrsg.), Bismarcks spanische „Diversion“ 1870 und der preußisch-deutsche Reichseinigungskrieg. Bisher 2 Bde., Paderborn 2002–2003.
3. V. R. BERGHAHN/W. DEIST (Hrsg.), Rüstung im Zeichen der wilhelminischen Weltpolitik. Grundlegende Dokumente 1890–1914, Düsseldorf 1988.
4. H. v. BOYEN, Denkwürdigkeiten und Erinnerungen 1771–1813. 2 Bde., Stuttgart 1899.
5. C. v. CLAUSEWITZ, Vom Kriege, Berlin 1832/34.
6. E. v. CONRADY, Leben und Wirken des Generals der Infanterie und kommandirenden Generals des V. Armeekorps Carl von Grolman. 3 Bde., Berlin 1894–1896.
7. F. A. DECKER, Die Volksbewaffnung in Württemberg. Eines der großartigsten Ereignisse in unserem Jahrhundert, Stuttgart 1848.
8. F. W. ELLRODT, Über Zweck und Einrichtung des Bürgermilitärs der Freien Stadt Frankfurt, Frankfurt/Main 1823.
9. Ewiger Friede? Dokumente einer deutschen Diskussion um 1800, hrsg. von A. u. W. DIETZE, Leipzig 1989.
10. K.-G. FABER, Die nationalpolitische Publizistik Deutschlands von 1866 bis 1871. Eine kritische Bibliographie. 2 Bde., Düsseldorf 1963.
11. J. G. FICHTE, Über den Begriff des wahrhaften Krieges in Bezug auf den Krieg im Jahre 1813, Tübingen 1815.
12. E. R. HUBER (Hrsg.), Dokumente zur deutschen Verfassungsgeschichte. Bd. 1: Deutsche Verfassungsdokumente 1803–1850, 3. Aufl. Stuttgart 1978. Bd. 2: Deutsche Verfassungsdokumente 1851–1918, 3. Aufl. Stuttgart 1979.

13. G. Hummel-Haasis (Hrsg.), Schwestern zerreißt eure Ketten. Zeugnisse zur Geschichte der Frauen in der Revolution von 1848/49, München 1982.
14. M. Jähns, Geschichte der Kriegswissenschaften vornehmlich in Deutschland. 3 Bde., München 1889–1891.
15. T. Klein (Hrsg.), Die Befreiung 1813, 1814, 1815. Urkunden, Berichte, Briefe, Ebenhausen 1913.
16. T. Klein (Hrsg.), 1848. Der Vorkampf deutscher Einheit und Freiheit. Erinnerungen, Urkunden, Berichte, Briefe, Ebenhausen 1914.
17. E. Klessmann (Hrsg.), Die Befreiungskriege in Augenzeugenberichten, Düsseldorf 1973.
18. Krupp und die Hohenzollern in Dokumenten. Krupp-Korrespondenz mit Kaisern, Kabinettschefs und Ministern 1850–1918. Hrsg. und eingeleitet von W. A. Boelcke, Frankfurt/Main 1970.
19. J. Kunisch/M. Sikora/T. Stieve (Hrsg.), Gerhard von Scharnhorst. Private und dienstliche Schriften. Bd. 1: Schüler, Lehrer, Kriegsteilnehmer (Kurhannover bis 1795). Bd. 2: Stabschef und Reformer (Kurhannover 1795–1801). Bd. 3: Lehrer, Artillerist, Wegbereiter (Preußen 1801–1804), Köln 2001–2005.
20. F. W. Lehmann, Grundzüge zur Bildung einer deutschen Bürgerwehr und eines deutschen Heerwesens mit Rücksicht auf die preußische Heerverfassung, Bonn 1848.
21. J. Lepsius/A. Mendelssohn-Bartholdy/F. Thimme (Hrsg.), Die Große Politik der europäischen Kabinette 1871–1914. Sammlung der Diplomatischen Akten des Auswärtigen Amtes. Bd. 1–40, Reihe 1–5, Berlin 1922–1927.
22. L. A. F. v. Liebenstein, Über stehende Heere und Landwehr mit besonderer Rücksicht auf die deutschen Staaten, Karlsruhe 1817.
23. P. Rassow (Hrsg.), Geheimes Kriegstagebuch 1870–1871 von Paul Bronsart von Schellendorff, Bonn 1954.
24. C. v. Rotteck, Über stehende Heere und Nationalmiliz, Freiburg/Brsg. 1816.
25. W. Rüstow, Der deutsche Militärstaat vor und während der Revolution, Zürich 1851.
26. I. Schikorsky (Hrsg.), „Wenn doch dies Elend ein Ende hätte". Ein Briefwechsel aus dem deutsch-französischen Krieg, Köln 1999.
27. F. Schulze (Hrsg.), 1813–1815. Die deutschen Befreiungskriege in zeitgenössischer Schilderung, Leipzig 1912.
28. B. Ulrich/J. Vogel/B. Ziemann (Hrsg.), Untertan in Uniform.

Militär und Militarismus im Kaiserreich 1871–1914. Quellen und Dokumente, Frankfurt/Main 2001.
29. R. VAUPEL (Hrsg.), Die Reorganisation des preußischen Staates unter Stein und Hardenberg. Bd. 2: Das Preußische Heer vom Tilsiter Frieden bis zur Befreiung 1807–1814, Berlin 1938.
30. L. VOIGTLÄNDER (Hrsg.), Das Tagebuch des Johann Heinrich Lang aus Lübeck und die Feldzüge der Hanseaten in den Jahren 1813–1815, Lübeck 1980.
31. J. v. XYLANDER, Untersuchungen über das Heerwesen unserer Zeit, München 1831.
32. C. T. WELCKER, Begründung der Motion des Abgeordneten Welcker auf eine konstitutionelle weniger kostspielige und mehr sichernde Wehrverfassung, Karlsruhe 1831.

B. Literatur

1. Einführungen, Überblicksdarstellungen, Bibliographien

33. G. A. CRAIG, Die preußisch-deutsche Armee 1640–1945. Staat im Staate, Königstein/Taunus 1980.
34. H. DELBRÜCK, Geschichte der Kriegskunst im Rahmen der politischen Geschichte. Bd. 4: Neuzeit, Berlin 1920.
35. E. FEHRENBACH, Vom Ancien Régime zum Wiener Kongreß, 4., überarb. Aufl. München 2001.
36. S. FIEDLER, Heerwesen der Neuzeit. Bd. 3: Taktik und Strategie der Revolutionskriege 1792–1848. Bd. 4: Taktik und Strategie der Einigungskriege 1848–1871. Bd. 5: Taktik und Strategie der Millionenheere 1871–1914, Augsburg 2002.
37. E. v. FRAUENHOLZ (Hrsg.), Entwicklungsgeschichte des Deutschen Heerwesens. Bd. 5: Das Heerwesen des XIX. Jahrhunderts, München 1941.
38. L. GALL, Europa auf dem Weg in die Moderne 1850–1890, 4. Aufl. München 2004.
39. C. JANY, Geschichte der Preußischen Armee vom 15. Jahrhundert bis 1914. Bd. 4: Die Preußische Armee und das Deutsche Reichsheer 1807 bis 1914, ND Osnabrück 1967.
40. D. LANGEWIESCHE, Europa zwischen Restauration und Revolution 1815–1849, 4. Aufl. München 2004.
41. E. GRAF V. MATUSCHKA/W. PETTER, Organisationsgeschichte der Streitkräfte, in: 44, Bd. 2, Abschnitt IV/4, 302–442.

42. M. Messerschmidt, Die politische Geschichte der preußisch-deutschen Armee, in: 44, Bd. 2, Abschnitt IV/1, 1–380.
43. M. Messerschmidt, Die preußische Armee. Strukturen und Organisation, in: 44, Bd. 2, Abschnitt IV/2, 1–225.
44. Militärgeschichtliches Forschungsamt (Hrsg.), Deutsche Militärgeschichte in sechs Bänden 1648–1939, Herrsching 1983.
45. Militärgeschichtliches Institut der DDR (Hrsg.), Wörterbuch zur deutschen Militärgeschichte. 2 Bde., Berlin 1985.
46. E. Mohr, Die Heeres- und Truppengeschichte des Deutschen Reiches und seiner Länder (1806–1918). Eine Bibliographie, Osnabrück 1989.
47. K.-V. Neugebauer, Grundzüge der deutschen Militärgeschichte. Bd. 1: Historischer Überblick. Bd. 2: Arbeits- und Quellenbuch, Freiburg/Brsg. 1993.
48. T. Nipperdey, Deutsche Geschichte 1800–1866. Bürgerwelt und starker Staat, München 1991.
49. T. Nipperdey, Deutsche Geschichte 1866–1918. Bd. 1: Arbeitswelt und Bürgergeist. Bd. 2: Machtstaat vor der Demokratie, München 1995.
50. J. Nowosadtko, Krieg, Gewalt und Ordnung. Einführung in die Militärgeschichte, Tübingen 2002.
51. G. Ortenburg, Heerwesen der Neuzeit. Bd. 3: Waffen der Revolutionskriege 1792–1848. Bd. 4: Waffen der Einigungskriege 1848–1871. Bd. 5: Waffen der Millionenheere 1871–1914, Augsburg 2002.
52. W. Petter, Deutscher Bund und deutsche Mittelstaaten. Strukturen und Organisation, in: 44, Bd. 2, Abschnitt IV/3, 226–301.
53. B. v. Poten, Geschichte des Militär-Erziehungs- und Bildungswesens in den Ländern deutscher Zunge. 5 Bde., Berlin 1889–1897.
54. G. Ritter, Staatskunst und Kriegshandwerk. Das Problem des Militarismus in Deutschland. Bd. 1: Die altpreußische Tradition (1740–1890), München 1954.
55. H.-U. Wehler, Deutsche Gesellschaftsgeschichte. Bd. 1: Vom Feudalismus des Alten Reiches bis zur Defensiven Modernisierung der Reformära 1700–1815. Bd. 2: Von der Reformära bis zur industriellen und politischen „Deutschen Doppelrevolution“ 1815–1845/49. Bd. 3: Von der „Deutschen Doppelrevolution“ bis zum Beginn des Ersten Weltkrieges, München 1987, 1995.
56. R. Wohlfeil, Vom Stehenden Heer des Absolutismus zur Allgemeinen Wehrpflicht (1789–1814), in: 44, Bd. 1, Abschnitt II, 1–212.

57. E. Wolfrum, Krieg und Frieden in der Neuzeit. Vom Westfälischen Frieden bis zum Zweiten Weltkrieg, Darmstadt 2003.
58. J. Zimmermann, Militärverwaltung und Heeresaufbringung in Österreich bis 1806, in: 44, Bd. 1, Abschnitt III, 1–168.

2. *Historiographie der Militärgeschichte und theoretische Konzepte*

59. J. Angelow, Zur Rezeption der Erbediskussion durch die Militärgeschichtsschreibung der DDR, in: MGM 52 (1993) 345–357.
60. J. Angelow, Forschung in ungelüfteten Räumen. Anmerkungen zur Militärgeschichtsschreibung der ehemaligen DDR, in: 77, 73–89.
61. W. Baumgart, Militär und Politik. Einführende Bemerkungen, in: M. Epkenhans/G. Groß (Hrsg.), Das Militär und der Aufbruch in die Moderne 1860 bis 1890. Armeen, Marinen und der Wandel von Politik, Gesellschaft und Wirtschaft in Europa, den USA sowie Japan, München 2003, 3–9.
62. P. Broucek/K. Peball, Geschichte der österreichischen Militärhistoriographie, Köln 2000.
63. R. Brühl, Zum Neubeginn der Militärgeschichtsschreibung in der DDR. Gegenstand, theoretische Grundlagen, Aufgabenstellung, in: MGM 52 (1993) 303–322.
64. A. Bucholz, Hans Delbrück and the German Military Establishment. War Images in Conflict, Iowa City 1985.
65. N. Buschmann/H. Carl, Zugänge zur Erfahrungsgeschichte des Krieges. Forschung, Theorie, Fragestellung, in: 271, 11–26.
66. W. Deist, Hans Delbrück. Militärhistoriker und Publizist, in: MGM 57 (1998) 371–383.
67. W. Deist, Bemerkungen zur Entwicklung der Militärgeschichte in Deutschland, in: 77, 315–322.
68. J. Dülffer, Militärgeschichte und politische Geschichte, in: 77, 127–139.
69. M. Funck, Militär, Krieg und Gesellschaft. Soldaten und militärische Eliten in der Sozialgeschichte, in: 77, 157–174.
70. C. Hämmerle, Von den Geschlechtern der Kriege und des Militärs. Forschungseinblicke und Bemerkungen zu einer neuen Debatte, in: 77, 229–262.
71. K. Hagemann, Venus und Mars. Reflexionen zu einer Geschlechtergeschichte von Militär und Krieg, in: 294, 13–48.
72. D. Hohrath, Spätbarocke Kriegspraxis und aufgeklärte Kriegs-

wissenschaften. Neue Forschungen und Perspektiven zu Krieg und Militär im „Zeitalter der Aufklärung“, in: Aufklärung 12 (2000) 5–47.

73. S. KAUFMANN, Technisiertes Militär. Methodische Überlegungen zu einem symbiotischen Verhältnis, in: 77, 195–209.
74. S. v. D. KERKHOF, Rüstungsindustrie und Kriegswirtschaft. Vom Nutzen und Nachteil wirtschaftshistorischer Methoden für die Militärgeschichte, in: 77, 175–194.
75. B. R. KROENER, Vom „extraordinari Kriegsvolck“ zum „miles perpetuus“. Zur Rolle der bewaffneten Macht in der europäischen Gesellschaft der Frühen Neuzeit. Ein Forschungs- und Literaturbericht, in: MGM 43 (1988) 141–188.
76. G. KRUMEICH, Sine ira et studio? Ansichten einer wissenschaftlichen Militärgeschichte, in: 77, 91–102.
77. T. KÜHNE/B. ZIEMANN (Hrsg.), Was ist Militärgeschichte? Paderborn 2000.
78. T. KÜHNE/B. ZIEMANN, Militärgeschichte in der Erweiterung. Konjunkturen, Interpretationen, Konzepte, in: 77, 9–46.
79. S. LANGE, Hans Delbrück und der ‚Strategiestreit‘. Kriegführung und Kriegsgeschichte in der Kontroverse 1879–1914. Freiburg/Brsg. 1995.
80. D. LANGEWIESCHE, Kampf um Marktmacht und Gebetsmühlen der Theorie. Einige Bemerkungen zu den Debatten um eine neue Militärgeschichte, in: 77, 323–327.
81. A. LIPP, Diskurs und Praxis. Militärgeschichte als Kulturgeschichte, in: 77, 211–227.
82. K. A. MAIER, Überlegungen zur Zielsetzung und Methode der Militärgeschichtsschreibung im Militärgeschichtlichen Forschungsamt und die Forderung nach deren Nutzen für die Bundeswehr seit Mitte der 70er Jahre, in: MGM 52 (1993) 359–370.
83. T. MERGEL, Politikbegriffe in der Militärgeschichte. Einige Beobachtungen und ein Vorschlag, in: 77, 141–156.
84. E. OPITZ, Der Weg der Militärgeschichte von einer Generalstabswissenschaft zur Subdisziplin der Geschichtswissenschaft, in: H.-J. Braun/R. H. Kluwe (Hrsg.), Entwicklung und Selbstverständnis von Wissenschaften, Frankfurt/Main 1985, 57–78.
85. M. RASCHKE, Der politisierende Generalstab. Die friderizianischen Kriege in der amtlichen deutschen Militärgeschichtsschreibung 1890–1914, Freiburg/Brsg. 1993.
86. D. E. SHOWALTER, Militärgeschichte als Operationsgeschichte: deutsche und amerikanische Paradigmen, in: 77, 115–126.

87. H. STÜBIG, Die preußische Heeresreform in der Geschichtsschreibung der Bundesrepublik Deutschland, in: MGM 48 (1990) 27–40.
88. H. WALLE, Die Bedeutung der Technikgeschichte innerhalb der Militärgeschichte in Deutschland. Methodologische Betrachtungen, in: R. G. Foerster/H. Walle (Hrsg.), Militär und Technik. Wechselbeziehungen zu Staat, Gesellschaft und Industrie im 19. und 20. Jahrhundert, Herford 1992, 23–72.
89. B. WEGNER, Wozu Operationsgeschichte?, in: 77, 105–113.
90. W. WETTE (Hrsg.), Der Krieg des kleinen Mannes. Eine Militärgeschichte von unten. München 1992.
91. W. WETTE, Militärgeschichte von unten, in: 90, 9–47.
92. W. WETTE, Militärgeschichte zwischen Wissenschaft und Politik, in: 77, 49–71.
93. R. WOHLFEIL, Wehr-, Kriegs- oder Militärgeschichte?, in: MGM 1 (1967) 21–29.
94. R. WOHLFEIL, Militärgeschichte. Zu Geschichte und Problemen einer Disziplin der Geschichtswissenschaft (1952–1967), in: MGM 52 (1993) 323–344.

3. Zeitabschnitte und Kriege

3.1 Aufklärung, Revolution und Reform

95. F. AKALTIN, Die Befreiungskriege im Geschichtsbild der Deutschen im 19. Jahrhundert, Frankfurt/Main 1997.
96. O. BASLER, Wehrwissenschaftliches Schrifttum im 18. Jahrhundert, Berlin 1933.
97. H. BERDING, Das geschichtliche Problem der Freiheitskriege 1813–1814, in: K. O. v. Aretin/G. A. Ritter (Hrsg.), Europa zwischen Revolution und Restauration 1797–1815, Stuttgart 1987, 201–215.
98. T. C. W. BLANNING, Die Ursprünge der französischen Revolutionskriege, in: 349, 175–189.
99. P. BRANDT, Einstellungen, Motive und Ziele von Kriegsfreiwilligen 1813/14. Das Freikorps Lützow, in: 101, 211–233.
100. H. CARL, Der Mythos des Befreiungskrieges. Die „martialische Nation" im Zeitalter der Revolutions- und Befreiungskriege 1792–1815, in: D. Langewiesche/G. Schmidt (Hrsg.), Föderative Nation. Deutschlandkonzepte von der Reformation bis zum Ersten Weltkrieg, München 2000, 63–82.

101. J. DÜLFFER (Hrsg.), Kriegsbereitschaft und Friedensordnung in Deutschland 1800–1814, Münster 1995.
102. J. ECHTERNKAMP, Der Aufstieg des deutschen Nationalismus, Frankfurt/Main 1998.
103. E. FEHRENBACH, Die Ideologisierung des Krieges und die Radikalisierung der Französischen Revolution, in: 121, 57–66.
104. S. FÖRSTER, Der Weltkrieg 1792–1815, in: 101, 17–38.
105. R. FRITZE, Militärschulen als wissenschaftliche Ausbildungsstätten in Deutschland und Frankreich im 18. Jahrhundert. Skizze zu einer vergleichenden Untersuchung, in: Francia 16/2 (1989) 213–232.
106. W. GEMBRUCH, Bürgerliche Publizistik und Heeresreform in Preußen (1805–1808), in: Militärgeschichte. Probleme, Thesen, Wege, Stuttgart 1982, 124–149.
107. C. V. D. GOLTZ, Rossbach und Jena. Studien über die Zustände und das geistige Leben in der Preußischen Armee während der Übergangszeit vom 18. zum 19. Jahrhundert, Berlin 1883.
108. H. HÄNDEL, Der Gedanke der allgemeinen Wehrpflicht in der Wehrverfassung des Königreiches Preußen bis 1819, Frankfurt/Main 1962.
109. D. HOHRATH, Die Bildung des Offiziers in der Aufklärung. Ferdinand Friedrich von Nicolai (1730–1814) und seine enzyklopädischen Sammlungen, Stuttgart 1990.
110. J. HOFFMANN, Jakob Mauvillon. Ein Offizier und Schriftsteller im Zeitalter der bürgerlichen Emanzipationsbewegung, Berlin 1981.
111. R. IBBEKEN, Preußen 1807–1813. Staat und Volk als Idee und in Wirklichkeit (Darstellung und Dokumentation), Köln 1970.
112. O. JESSEN, Mars mit Zopf? Rüchel (1754–1823). Krieg im Lichte der Vernunft, Diss. phil. Potsdam 2003.
113. E. KESSEL, Die allgemeine Wehrpflicht in der Gedankenwelt Scharnhorsts, Gneisenaus und Boyens, in: ders., Militärgeschichte und Kriegstheorie in neuerer Zeit. Ausgewählte Aufsätze, Berlin 1987, 175–188.
114. H. W. KOCH, Die Befreiungskriege 1807–1815. Napoleon gegen Deutschland und Europa. Berg 1998.
115. B. R. KROENER, Aufklärung und Revolution. Die preußische Armee am Vorabend der Katastrophe von 1806, in: Die Französische Revolution und der Beginn des Zweiten Weltkrieges aus deutscher und französischer Sicht, Freiburg/Brsg. 1989, 45–70.
116. W. KRUSE, Die Erfindung des modernen Militarismus. Krieg, Mi-

litär und bürgerliche Gesellschaft im politischen Diskurs der Französischen Revolution 1789–1799, München 2003.

117. J. KUNISCH, Der kleine Krieg. Studien zum Heerwesen des Absolutismus, Wiesbaden 1973.

118. J. KUNISCH, Das „Puppenwerk" der Stehenden Heere. Ein Beitrag zur Neueinschätzung von Soldatenstand und Krieg in der Spätaufklärung, in: ZHF 17 (1990) 49–83.

119. J. KUNISCH, Von der gezähmten zur entfesselten Bellona. Die Umwertung des Krieges im Zeitalter der Revolutions- und Freiheitskriege, in: ders., Fürst, Gesellschaft, Krieg. Studien zur bellizistischen Disposition des absoluten Fürstenstaates, Köln 1992, 203–226.

120. J. KUNISCH/H. MÜNKLER (Hrsg.), Die Wiedergeburt des Krieges aus dem Geist der Revolution. Studien zum bellizistischen Diskurs des ausgehenden 18. und beginnenden 19. Jahrhunderts, Berlin 1999.

121. D. LANGEWIESCHE (Hrsg.), Revolution und Krieg. Zur Dynamik historischen Wandels seit dem 18. Jahrhundert, Paderborn 1989.

122. D. LANGEWIESCHE, „Revolution von oben"? Krieg und Nationalstaatsgründung in Deutschland, in: 121, 117–133.

123. M. LEHMANN, Scharnhorst. 2 Bde., Leipzig 1886/1887.

124. F. MEINECKE, Das Leben des Generalfeldmarschalls Hermann von Boyen. 2 Bde., Berlin 1896, 1899.

125. B. v. MÜNCHOW-POHL, Zwischen Reform und Krieg. Untersuchungen zur Bewußtseinslage in Preußen 1809–1812, Göttingen 1987.

126. W. NEUGEBAUER, Truppenchef und Schule im Alten Preußen. Das preußische Garnison- und Regimentsschulwesen vor 1806, in: E. Henning/W. Vogel (Hrsg.), Festschrift der Landesgeschichtlichen Vereinigung für die Mark Brandenburg, Berlin 1984, 227–263.

127. H. G. NITSCHKE, Die preußischen Militärreformen 1807–1813. Die Tätigkeit der Militärreorganisationskommission und ihre Auswirkungen auf die preußische Armee, Berlin 1983.

128. E. OPITZ (Hrsg.), Gerhard von Scharnhorst. Vom Wesen und Wirken der preußischen Heeresreform, Bremen 1998.

129. E. OPITZ, Georg Heinrich von Berenhorst, in: U. Hartmann/D. Bald/K. Rosen (Hrsg.), Klassiker der Pädagogik im deutschen Militär, Frankfurt/Main 1999, 37–61.

130. E. PELZER, Die Wiedergeburt Deutschlands 1813 und die Dämonisierung Napoleons, in: 282, 135–156.

131. V. PRESS, Warum gab es keine deutsche Revolution? Deutschland und das revolutionäre Frankreich 1789–1815, in: 121, 67–85.

132. R. Pröve, Stadtgemeindlicher Republikanismus und die „Macht des Volkes". Civile Ordnungsformationen und kommunale Leitbilder politischer Partizipation in deutschen Staaten vom Ende des 18. bis zur Mitte des 19. Jahrhunderts, Göttingen 2000.
133. M. Rink, Vom „Partheygänger" zum Partisanen. Die Konzeption des kleinen Kriegs in Preußen 1740–1813, Frankfurt/Main 1999.
134. D. Schmidt, Die preußische Landwehr, Berlin 1981.
135. H. Schnitter, Militärwesen und Militärpublizistik. Die militärische Zeitschriftenpublizistik in der Geschichte des bürgerlichen Militärwesens in Deutschland, Berlin 1967.
136. D. E. Showalter, Hubertusburg to Auerstädt. The Prussian army in decline?, in: German History 12 (1994) 308–333.
137. M. Sikora, „Ueber die Veredlung des Soldaten". Positionsbestimmungen zwischen Militär und Aufklärung, in: Aufklärung 11 (1999) 25–50.
138. J. Smets, Von der „Dorfidylle" zur preußischen Nation. Sozialdisziplinierung der linksrheinischen Bevölkerung durch die Franzosen am Beispiel der allgemeinen Wehrpflicht (1802–1814), in: HZ 262 (1996) 695–738.
139. F.-C. Stahl, Zur Entwicklung der Reformen im Militär-Erziehungs- und Bildungswesen der preußischen Armee (1800–1850), in: B. Sösemann (Hrsg.), Gemeingeist und Bürgersinn. Die preußischen Reformen, Berlin 1993, 191–207.
140. U. Waetzoldt, Preußische Offiziere im geistigen Leben des 18. Jahrhunderts, Halle 1936.
141. E. Weber, Lyrik der Befreiungskriege (1812–1815). Gesellschaftspolitische Meinungs- und Willensbildung durch Literatur, Stuttgart 1991.

3.2 Vormärz und Deutscher Bund

142. J. Angelow, Von Wien nach Königgrätz. Die Sicherheitspolitik des Deutschen Bundes im europäischen Gleichgewicht 1815–1866, München 1996.
143. M. Arndt, Militär und Staat in Kurhessen 1813–1866. Das Offizierskorps im Spannungsfeld zwischen Monarchischem Prinzip und liberaler Bürgerwelt, Marburg 1996.
144. G. Brückner, Der Bürger als Bürgersoldat. Ein Beitrag zur Sozialgeschichte des Bürgertums und der bürgerlichen Gesellschaft des 19. Jahrhunderts. Dargestellt an den Bürgermilitärorganisationen der Königreiche Bayern und Hannover und des Großherzogtums Baden, Diss. phil. Bonn 1968.

145. M. Buschmann, Zwischen Bündnis und Integration. Sachsens militärpolitischer Eintritt in den Norddeutschen Bund 1866/67, Köln 2004.
146. J. Calliess, Militär in der Krise. Die bayerische Armee in der Revolution 1848/49, Boppard 1976.
147. E. Grothe, Verfassungsgebung und Verfassungskonflikt. Das Kurfürstentum Hessen in der ersten Ära Hassenpflug 1830–1837, Berlin 1996.
148. W. D. Gruner, Das Bayerische Heer 1825 bis 1864. Eine kritische Analyse der bewaffneten Macht Bayerns vom Regierungsantritt Ludwigs I. bis zum Vorabend des deutschen Krieges, Boppard 1972.
149. H.-J. Harder, Militärgeschichtliches Handbuch Baden-Württemberg, Stuttgart 1987.
150. H. Helmert, Militärsystem und Streitkräfte im Deutschen Bund am Vorabend des preußisch-österreichischen Krieges von 1866, Berlin 1964.
151. R. Höhn, Verfassungskampf und Heereseid. Der Kampf des Bürgertums um das Heer (1815–1850), Leipzig 1938.
152. W. Keul, Die Bundesmilitärkommission (1819–1866) als politisches Gremium. Ein Beitrag zur Geschichte des Deutschen Bundes, Frankfurt/Main 1977.
153. A. Lüdtke, „Wehrhafte Nation" und „innere Wohlfahrt": Zur militärischen Mobilisierbarkeit der bürgerlichen Gesellschaft. Konflikt und Konsens zwischen Militär und ziviler Administration in Preußen zwischen 1815 und 1860, in: MGM 19 (1981) 7–56.
154. A. Lüdtke, „Gemeinwohl", Polizei und „Festungspraxis". Staatliche Gewaltsamkeit und innere Verwaltung in Preußen, 1815–1850, Göttingen 1982.
155. S. Müller, Soldaten in der deutschen Revolution von 1848/49, Paderborn 1999.
156. A. Mürmann, Die öffentliche Meinung in Deutschland über das preußische Wehrgesetz von 1814 während der Jahre 1814–1819, Berlin 1910.
157. H. W. Pinkow, Der literarische und parlamentarische Kampf gegen die Institution des stehenden Heeres in Deutschland in der ersten Hälfte des XIX. Jahrhunderts (1815–1848), Berlin 1912.
158. R. Pröve, Bürgerwehren in den europäischen Revolutionen 1848, in: D. Dowe/H.-G. Haupt/D. Langewiesche (Hrsg.), Europa 1848. Revolution und Reform, Bonn 1998, 901–914.
159. R. Pröve, Politische Partizipation und soziale Ordnung: Das Kon-

zept der „Volksbewaffnung“ und die Funktion der Bürgerwehren 1848/49, in: W. Hardtwig (Hrsg.), Revolution in Deutschland und Europa 1848/49, Göttingen 1998, 109–132.

160. R. Pröve, Alternativen zum Militär- und Obrigkeitsstaat? Die gesellschaftliche und politische Dimension civiler Ordnungsformationen in Vormärz und Revolution, in: W. Rösener (Hrsg.), Staat und Krieg. Vom Mittelalter bis zur Moderne, Göttingen 2000, 204–224.

161. P. Sauer, Revolution und Volksbewaffnung. Die württembergischen Bürgerwehren im 19. Jahrhundert, vor allem während der Revolution von 1848/49, Ulm 1976.

162. H. Seier, Der Oberbefehl im Bundesheer. Zur Entstehung der deutschen Bundeskriegsverfassung 1817–22, in: MGM 15 (1977) 7–33.

163. H. Seier, Zur Frage der militärischen Exekutive in der Konzeption des deutschen Bundes, in: J. Kunisch (Hrsg.), Staatsverfassung und Heeresverfassung in der europäischen Geschichte, Berlin 1986, 397–445.

164. W. Schnabel, Die Kriegs- und Finanzverfassung des Deutschen Bundes, Marburg 1966.

165. W. Siemann, Heere, Freischaren, Barrikaden. Die bewaffnete Macht als Instrument der Innenpolitik in Europa 1815–1847, in: 121, 87–102.

166. W. Steinhilber, Die Heilbronner Bürgerwehren 1848 und 1849 und ihre Beteiligung an der badischen Mai-Revolution des Jahres 1849, Heilbronn 1959.

167. G. Müller-Schellenberg/W. Rosenwald/P. Wacker, Das herzoglich-nassauische Militär 1806–1866. Militärgeschichte im Spannungsfeld von Politik, Wirtschaft und sozialen Verhältnissen eines deutschen Kleinstaates, Taunusstein 1998.

168. T. M. Schneider, Heeresergänzung und Sozialordnung. Dienstpflichtige, Einsteher und Freiwillige in Württemberg zur Zeit des Deutschen Bundes, Frankfurt/Main 2002.

169. E. Trox, Militärischer Konservativismus. Kriegervereine und ‚Militärpartei‘ in Preußen zwischen 1815 und 1848/49, Stuttgart 1990.

170. U. Vollmer, Die Armee des Königreichs Hannover. Bewaffnung und Geschichte von 1803–1866, Schwäbisch-Hall 1978.

171. M. Wettengel, Die Wiesbadener Bürgerwehr 1848/49 und die Revolution im Herzogtum Nassau, Wiesbaden 1998.

172. E. Wienhöfer, Das Militärwesen des Deutschen Bundes und das

Ringen zwischen Österreich und Preußen um die Vorherrschaft in Deutschland 1815–1866, Osnabrück 1973.

3.3 Einigungskriege und Reichsgründung

173. F. Becker, Bilder von Krieg und Nation. Die Einigungskriege in der bürgerlichen Öffentlichkeit Deutschlands 1864–1913, München 2001.
174. A. Bucholz, Moltke and the German Wars, 1864–1871, New York 2001.
175. G. A. Craig, Königgrätz 1866. Eine Schlacht macht Weltgeschichte, Wien 1997.
176. N. Buschmann, Einkreisung und Waffenbruderschaft. Die öffentliche Deutung von Krieg und Nation in Deutschland 1850–1871, Göttingen 2004.
177. H. Fenske, Die Deutschen und der Krieg von 1870/71. Zeitgenössische Urteile, in: P. Levillain/R. Riemenschneider (Hrsg.), La guerre de 1870/71 et ses conséquences, Bonn 1990, 167–215.
178. S. Förster/J. Nagler (Hrsg.), On the Road to Total War. The American Civil War and the German Wars of Unification 1861–1871, Cambridge 1997.
179. K. Fuchs, Zur politischen Lage und Stimmung bei Ausbruch des Deutsch-Französischen Krieges von 1870/71, in: Nassauische Annalen 89 (1978) 115–127.
180. J. D. Halgus, The Bavarian Soldier 1871–1914, New York 1980.
181. R. Hausschild-Thiessen, Hamburg im Kriege 1870/71, in: Zeitschrift des Vereins für hamburgische Geschichte (ZVHG) 57 (1971) 1–45.
182. R. Helfert, Der preußische Liberalismus und die Heeresreform von 1860, Bonn 1989.
183. H. Helmert, Militärsystem und Streitkräfte im Deutschen Bund am Vorabend des Preußisch-Österreichischen Krieges von 1866, Berlin 1964.
184. H. Helmert, Kriegspolitik und Strategie. Politische und militärische Ziele der Kriegführung des preußischen Generalstabes vor der Reichsgründung (1859–1869), Berlin 1970.
185. H. Helmert/H. Usczeck, Preußischdeutsche Kriege von 1864 bis 1871. Militärischer Verlauf, Berlin 1978.
186. E. Kolb (Hrsg.), Europa vor dem Krieg von 1870. Mächtekonstellationen, Konfliktfelder, Kriegsausbruch, München 1987.
187. E. Kolb, Der Weg aus dem Krieg. Bismarcks Politik im Krieg und die Friedensanbahnung 1870/71, München 1989.

188. F. Kühlich, Die deutschen Soldaten im Krieg von 1870/71. Eine Darstellung der Situation und der Erfahrungen der deutschen Soldaten im Deutsch-Französischen Kriege, Frankfurt/Main 1995.
189. R. Lenz, Kosten und Finanzierung des Deutsch-Französischen Krieges 1870/71. Dargestellt am Beispiel Württembergs, Badens und Bayerns, Boppard 1970.
190. C. Rak, Krieg, Nation und Konfession. Die Erfahrung des deutsch-französischen Krieges von 1870/71, Paderborn 2004.
191. H. Rüddenklau, Studien zur bayerischen Militärpolitik 1871–1914, Berlin 1973.
192. E. Schneider, Die Reaktion der deutschen Öffentlichkeit auf den Kriegsbeginn. Das Beispiel der Bayerischen Rheinpfalz, in: P. Levillain/R. Riemenschneider (Hrsg.), La guerre de 1870/71 et ses conséquences, Bonn 1990, 110–158.
193. A. Seyferth, Die Heimatfront 1870/71. Wirtschaft und Gesellschaft im deutsch-französischen Krieg, Diss. phil. Potsdam 2005.
194. M. Steinbach, Abgrund Metz. Kriegserfahrung, Belagerungsalltag und nationale Erziehung im Schatten einer Festung 1870/71, München 2002.
195. L. Sukstorf, Die Problematik der Logistik im deutschen Heer während des deutsch-französischen Krieges 1870/71, Hamburg 1995.
196. D. Vogel, Der Stellenwert des Militärischen in Bayern (1849–1875). Eine Analyse des militär-zivilen Verhältnisses am Beispiel des Militäretats, der Heeresstärke und des Militärjustizwesens, Boppard 1981.
197. D. Walter, Preußische Heeresreformen 1807–1870. Militärische Innovation und der Mythos der „Roonschen Reform", Paderborn 2003.
198. G. Wawro, The Austro-Prussian War. Austria's War with Prussia and Italy in 1866, Cambridge 1996.
199. G. Wawro, The Franco-Prussian War. The German Conquest of France in 1870–1871, Cambridge 2003.
200. G. Wawro, Warfare and Society in Europe 1792–1914, London 2000.
201. U. Wengenroth, Industry and Warfare in Prussia, in: 178, 249–262.

3.4 Militär im Kaiserreich

202. H. Afflerbach, Falkenhayn. Politisches Denken und Handeln im Kaiserreich, München 1994.
203. W. K. Blessing, Disziplinierung und Qualifizierung. Zur kulturel-

len Bedeutung des Militärs im Bayern des 19. Jahrhunderts, in: GG 17 (1991) 459–479.

204. A. Bucholz, Moltke, Schlieffen, and Prussian War Planning, New York 1991.

205. K. Canis, Bismarck und Waldersee. Die außenpolitischen Krisenerscheinungen und das Verhalten des Generalstabs 1882 bis 1890, Berlin 1980.

206. F. Fischer, Bündnis der Eliten. Zur Kontinuität der Machtstrukturen in Deutschland 1871–1945, Düsseldorf 1979.

207. R. G. Foerster (Hrsg.), Generalfeldmarschall von Moltke. Bedeutung und Wirkung, München 1991.

208. B. Gödde-Baumanns, Ansichten eines Krieges. Die „Kriegsschuldfrage" von 1870 in zeitgenössischem Bewusstsein, Publizistik und wissenschaftlicher Diskussion 1870–1914, in: 186, 175–201.

209. H. Hasenbein, Die parlamentarische Kontrolle des militärischen Oberbefehls im Deutschen Reich von 1871 bis 1918, Diss. jur. Göttingen 1968.

210. I. V. Hull, Absolute Destruction. Military Culture and the Practices of War in Imperial Germany, Ithaca 2005.

211. K.-E. Jeismann, Das Problem des Präventivkrieges im europäischen Staatensystem mit besonderem Blick auf die Bismarckzeit, Freiburg/Brsg. 1957.

212. E. Kolb, Gezähmte Halbgötter? Bismarck und die militärische Führung 1871–1890, in: L. Gall (Hrsg.), Otto von Bismarck und Wilhelm II. Repräsentanten eines Epochenwechsels? Paderborn 2001, 41–60.

213. H. O. Meisner, Militärattachés und Militärbevollmächtigte in Preußen und im Deutschen Reich. Ein Beitrag zur Geschichte der Militärdiplomatie, Berlin 1957.

214. M. Messerschmidt, Militär und Politik in der Bismarckzeit und im wilhelminischen Deutschland, Darmstadt 1975.

215. O. Pflanze, Bismarck. Bd. 1: Der Reichsgründer. Bd. 2: Der Reichskanzler, München 1997–1998.

216. T. Rohkrämer, Der Militarismus der „kleinen Leute". Die Kriegervereine im Deutschen Kaiserreich 1871–1914, München 1990.

217. H. Rumschöttel, Das bayerische Offizierkorps 1866–1914, Berlin 1973.

218. M. Schmid, Der „eiserne Kanzler" und die Generäle. Deutsche Rüstungspolitik in der Ära Bismarcks (1871–1890), Paderborn 2003.

219. D. E. SHOWALTER, The Political Soldiers of Bismarck's Germany. Myths and Realities, in: German Studies Review 17 (1994), 59–77.
220. H.-P. ZIMMERMANN, „Der feste Wall gegen die rote Flut". Kriegervereine in Schleswig-Holstein 1864–1914, Neumünster 1989.

4. Thematische Schwerpunkte

4.1 Region und Stadt

221. R. BRAUN, Garnisonsbewerbungen aus Franken 1803–1919, in: Jb. für fränkische Landesforschung 47 (1987) 105–150.
222. R. BRAUN, Garnisonswünsche 1815–1914. Bemühungen bayerischer Städte und Märkte um Truppen oder militärische Einrichtungen, in: 231, 311–335.
223. T. BRUDER, Nürnberg als bayerische Garnison von 1806 bis 1914. Städtebauliche, wirtschaftliche und soziale Einflüsse, Nürnberg 1992.
224. A. FAHL, Das Hamburger Bürgermilitär 1814–1868, Hamburg 1987.
225. H. T. GRÄF, Militarisierung der Stadt oder Urbanisierung des Militärs. Ein Beitrag zur Militärgeschichte der frühen Neuzeit aus stadtgeschichtlicher Perspektive, in: R. Pröve (Hrsg.), Klio in Uniform? Probleme und Perspektiven einer modernen Militärgeschichte der Frühen Neuzeit, Köln 1997, 89–108.
226. U. HETTINGER, Passau als Garnisonstadt im 19. Jahrhundert, Augsburg 1994.
227. C. IRZIK, Sicherheits- und Wirtschaftsmotive bei Garnisonbewerbungen aus dem rheinisch-westfälischen Industriegebiet in der Kaiserzeit, in: 231, 263–280.
228. C. LANKES, München als Garnison im 19. Jahrhundert. Die Haupt- und Residenzstadt als Standort der bayerischen Armee von Kurfürst Max IV. Joseph bis zur Jahrhundertwende, Berlin 1993.
229. R. SCHMIDT, Innere Sicherheit und „gemeiner Nutzen". Stadt und Militär in der Rheinprovinz von der Reformzeit bis zur Jahrhundertmitte, in: 231, 153–214.
230. W. SCHMIDT, Eine Stadt und ihr Militär. Regensburg als bayerische Garnisonstadt im 19. und frühen 20. Jahrhundert, Regensburg 1993.
231. B. SICKEN (Hrsg.), Stadt und Militär 1815–1914. Wirtschaftliche Impulse, infrastrukturelle Beziehungen, sicherheitspolitische Aspekte, Paderborn 1998.

232. T. Tippach, Koblenz als preußische Garnison- und Festungsstadt. Wirtschaft, Infrastruktur und Städtebau, Köln 2000.
233. G. Wittling, Zivil-militärische Beziehungen im Spannungsfeld von Residenz und entstehendem großstädtischen Industriezentrum. Die Berliner Garnison als Faktor der inneren Sicherheit 1815–1871, in: 231, 215–242.

4.2 Sozialstruktur, Gesellschaft und Alltag

234. U. Breymayer (Hrsg.), Willensmenschen. Über deutsche Offiziere, Frankfurt/Main 1999.
235. U. Breymayer, „Mein Kampf": Das Phantom des Offiziers. Zur Autobiographie eines jüdischen Wilhelminers, in: 234, 79–93.
236. W. Deist, Zur Geschichte des preußischen Offizierkorps 1888–1918, in: ders., Militär, Staat und Gesellschaft. Studien zur preußisch-deutschen Militärgeschichte, München 1991, 43–56.
237. K. Demeter, Das Deutsche Offizierkorps in Gesellschaft und Staat 1650–1945, Frankfurt/Main 1962.
238. S. Förster, Militär und staatsbürgerliche Partizipation. Die allgemeine Wehrpflicht im Deutschen Kaiserreich 1871–1914, in: R. G. Foerster (Hrsg.), Die Wehrpflicht. Entstehung, Erscheinungsformen und politisch-militärische Wirkung, München 1994, 55–70.
239. S. Förster, Der deutsche Generalstab und die Illusion des kurzen Krieges, 1871-1914, Metakritik eines Mythos, in: MGM 54 (1995) 61–95.
240. S. Förster, Der Krieg der Willensmenschen. Die deutsche Offizierselite auf dem Weg in den Ersten Weltkrieg, 1871–1914, in: 234, 23–36.
241. S. Förster, Der Sinn des Krieges. Die deutsche Offizierselite zwischen Religion und Sozialdarwinismus, 1870–1914, in: 282, 193–211.
242. U. Frevert (Hrsg.), Militär und Gesellschaft im 19. und 20. Jahrhundert, Stuttgart 1997.
243. U. Frevert, Das jakobinische Modell: Allgemeine Wehrpflicht und Nationsbildung in Preußen-Deutschland, in: 242, 17–47.
244. U. Frevert, Die kasernierte Nation. Militärdienst und Zivilgesellschaft in Deutschland, München 2001.
245. M. Funck, Feudales Kriegertum und militärische Professionalität: der Adel im preußisch-deutschen Offizierskorps 1860–1935, Berlin 2005.
246. O. Hackl, Die Vorgeschichte, Gründung und frühe Entwicklung

der Generalstäbe Österreichs, Bayerns und Preußens. Ein Überblick, Osnabrück 1997.

247. J. HUERTER, Wilhelm Groener. Reichswehrminister am Ende der Weimarer Republik (1928–1932), München 1993.

248. R. JAUN, Preußen vor Augen. Das schweizerische Offizierskorps im militärischen und gesellschaftlichen Wandel des Fin de siècle, Zürich 1999.

249. H. JOHN, Das Reserveoffizierkorps im Deutschen Kaiserreich 1890–1914. Ein sozialgeschichtlicher Beitrag zur Untersuchung der gesellschaftlichen Militarisierung im wilhelminischen Deutschland, Frankfurt/Main 1981.

250. W. LAHNE, Unteroffiziere. Werden, Wesen und Wirkung eines Berufsstandes, München 1965.

251. B. R. KRONER, „Der starke Mann im Heimatkriegsgebiet". Generaloberst Friedrich Fromm, Paderborn 2005.

252. K.-H. LUTZ, Das badische Offizierskorps 1840–1870/71, Stuttgart 1997.

253. H. MEIER-WELCKER (Hrsg.), Untersuchungen zur Geschichte des Offizierkorps. Anciennität und Beförderung nach Leistung, Stuttgart 1962.

254. H. MEIER-WELCKER (Hrsg.), Offiziere im Bild von Dokumenten aus drei Jahrhunderten, Stuttgart 1964.

255. M. MESSERSCHMIDT, Militär und Schule in der wilhelminischen Zeit, in: ders., Militärgeschichtliche Aspekte der Entwicklung des deutschen Nationalstaats, Düsseldorf 1988, 64–101.

256. C. E. O. MILLOTAT, Das preußisch-deutsche Generalstabssystem. Wurzeln, Entwicklung, Fortwirken, Zürich 2000.

257. J. MONCURE, Forging the King's Sword. Military Education Between Tradition and Modernization. The Case of the Royal Prussian Cadet Corps 1871–1918, New York 1993.

258. H. OSTERTAG, Bildung, Ausbildung und Erziehung des Offizierkorps im deutschen Kaiserreich 1871 bis 1918, Frankfurt/Main 1990.

259. C. RAK, Kriegsalltag im Lazarett. Jesuiten im deutsch-französischen Krieg 1870/71, in: 271, 125–145.

260. K. SAUL, Der Kampf um die Jugend zwischen Volksschule und Kaserne. Ein Beitrag zur „Jugendpflege" im Wilhelminischen Reich, in: MGM 9 (1971), 97–143.

261. T. SCHWARZMÜLLER, Zwischen Kaiser und „Führer". Generalfeldmarschall August von Mackensen. Eine politische Biographie, Paderborn 1995.

262. M. R. Stoneman, Bürgerliche und adlige Krieger: Zum Verhältnis von sozialer Herkunft und Berufskultur im wilhelminischen Armee-Offizierkorps, in: H. Reif (Hrsg.), Adel und Bürgertum in Deutschland II. Entwicklungslinien und Wendepunkte im 20. Jahrhundert, Berlin 2001, 25–63.
263. H. Stübig, Bildung, Militär und Gesellschaft in Deutschland. Studien zur Entwicklung im 19. Jahrhundert, Köln 1994.
264. H. Wiedner, Soldatenmisshandlungen im wilhelminischen Kaiserreich 1890–1914, in: AfS 22 (1982) 159–200.
265. J.-K. Zabel, Das preußische Kadettenkorps. Militärische Jugenderziehung als Herrschaftsmittel im preußischen Militärsystem. Frankfurt/Main 1978.

4.3 Kultur, Wahrnehmung, Erfahrung und Erinnerung

266. E. W. Becker, Zeiterfahrungen zwischen Revolution und Krieg. Zum Wandel des Zeitbewusstseins in der napoleonischen Ära, in: 271, 67–95.
267. F. Becker, Bilder von Krieg und Nation. Die Einigungskriege in der Öffentlichkeit Deutschlands 1864–1913, München 2001.
268. F. Becker, Kriegserfahrungen in der Ära der Einigungskriege aus systemtheoretischer Sicht, in: 271, 147–172.
269. H. Berding/K. Heller/W. Speitkamp (Hrsg.), Krieg und Erinnerung. Fallstudien zum 19. und 20. Jahrhundert, Göttingen 2000.
270. W. Bührer, Volksreligiosität und Kriegserleben. Bayerische Soldaten im Deutsch-Französischen Krieg 1870/71, in: F. Boll (Hrsg.), Volksreligiosität und Kriegserleben, Münster 1997, 48–65.
271. N. Buschmann/H. Carl (Hrsg.), Die Erfahrung des Krieges. Erfahrungsgeschichtliche Perspektiven von der Französischen Revolution bis zum Zweiten Weltkrieg, Paderborn 2001.
272. N. Buschmann, „Moderne Versimplung" des Krieges. Kriegsberichterstattung und öffentliche Kriegsdeutung an der Schwelle zum Zeitalter der Massenkommunikation, in: 271, 97–123.
273. N. Buschmann/D. Langewiesche (Hrsg.), Der Krieg in den Gründungsmythen europäischer Nationen und der USA, Frankfurt/Main 2003.
274. N. Buschmann, „Im Kanonenfeuer müssen die Stämme Deutschlands zusammen geschmolzen werden". Zur Konstruktion nationaler Einheit in den Kriegen der Reichsgründungsphase, in: 273, 99–119.
275. H. Carl, „Der Anfang vom Ende". Kriegserfahrung und Religion

in Belgien während der Französischen Revolutionskriege, in: D. Beyrau (Hrsg.), Der Krieg in religiösen und nationalen Deutungen der Neuzeit, Tübingen 2001, 86–110.

276. M. GRESCHAT, Krieg und Kriegsbereitschaft im deutschen Protestantismus, in: J. Dülffer/K. Holl (Hrsg.), Bereit zum Krieg. Kriegsmentalität im wilhelminischen Deutschland, 1890–1914, Göttingen 1986, 33–55.

277. M. JEISMANN, Das Vaterland der Feinde. Studien zum nationalen Feindbegriff und Selbstverständnis in Deutschland und Frankreich 1792–1918, Stuttgart 1992.

278. R. KIPPER, Formen literarischer Erinnerung an den Deutsch-Französischen Krieg von 1870/71, in: 269, 17–37.

279. R. KOSELLECK/M. JEISMANN (Hrsg.), Der politische Totenkult. Kriegerdenkmäler in der Moderne, München 1994.

280. B. R. KROENER, „Nun danket alle Gott". Der Choral von Leuthen und Friedrich der Große als protestantischer Held. Die Produktion politischer Mythen im 19. und 20. Jahrhundert, in: 282, 105–134.

281. G. KRÜGER, Vergessene Kriege. Warum gingen die deutschen Kolonialkriege nicht in das historische Gedächtnis der Deutschen ein?, in: 273, 120–137.

282. G. KRUMEICH/H. LEHMANN (Hrsg.), „Gott mit uns". Nation, Religion und Gewalt im 19. und frühen 20. Jahrhundert, Göttingen 2000.

283. D. LANGEWIESCHE, Krieg im Mythenarsenal europäischer Nationen und der USA. Überlegungen zur Wirkungsmacht politischer Mythen, in: 273, 13–22.

284. K. B. MURR, „Treue bis in den Tod". Kriegsmythen in der bayerischen Geschichtspolitik im Vormärz, in: 273, 138–174.

285. U. PLANERT, Zwischen Alltag, Mentalität und Erinnerungskultur. Erfahrungsgeschichte an der Schwelle zum nationalen Zeitalter, in: 271, 51–66.

286. C. RAK, Ein großer Verbrüderungskrieg? Kriegserfahrungen von katholischen Feldgeistlichen und das Bild vom Deutsch-Französischen Krieg 1870/71, in: 269, 39–63.

287. J. VOGEL, Nationen im Gleichschritt. Der Kult der „Nation in Waffen" in Deutschland und Frankreich 1871–1914, Göttingen 1997.

4.4 Frauen und Männer

288. S. BRÄNDLI, Von „schneidigen Offizieren" und „Militärcrinolinen". Aspekte symbolischer Männlichkeit am Beispiel preußi-

scher und schweizerischer Uniformen des 19. Jahrhunderts, in: 242, 201–228.

289. U. Frevert, Soldaten, Staatsbürger. Überlegungen zur historischen Konstruktion von Männlichkeit, in: 299, 69–87.

290. U. Frevert, Das Militär als „Schule der Männlichkeit". Erwartungen, Angebote, Erfahrungen im 19. Jahrhundert, in: 242, 145–173.

291. H. Hacker, Ein Soldat ist meistens keine Frau. Geschlechterkonstruktionen im militärischen Feld, in: Österreichische Zeitschrift für Soziologie 20 (1995) 45–63.

292. K. Hagemann, „Heran, heran, zu Sieg oder Tod!" Entwürfe patriotisch-wehrhafter Männlichkeit in der Zeit der Befreiungskriege, in: 299, 51–68.

293. K. Hagemann, Heldenmütter, Kriegerbräute und Amazonen. Entwürfe „patriotischer Weiblichkeit" zur Zeit der Freiheitskriege, in: 242, 174–200.

294. K. Hagemann/R. Pröve (Hrsg.), Landsknechte, Soldatenfrauen und Nationalkrieger. Militär, Krieg und Geschlechterordnung im historischen Wandel, Frankfurt/Main 1998.

295. K. Hagemann, Der „Bürger" als „Nationalkrieger". Entwürfe von Militär, Nation und Männlichkeit in der Zeit der Freiheitskriege, in: 294, 74–102.

296. K. Hagemann, „Mannlicher Muth und Teutsche Ehre". Nation, Militär und Geschlecht zur Zeit der antinapoleonischen Kriege Preußens, Paderborn 2002.

297. G. Hauch, „Bewaffnete Weiber". Kämpfende Frauen in den Kriegen der Revolution von 1848/49, in: 294, 223–246.

298. T. Kühne, Kameradschaft – „das Beste im Leben des Mannes". Die deutschen Soldaten des Zweiten Weltkrieges in erfahrungs- und geschlechtergeschichtlicher Perspektive, in: D. Langewiesche (Hrsg.), Militärgeschichte heute, Göttingen 1996, 504–529.

299. T. Kühne (Hrsg.), Männergeschichte, Geschlechtergeschichte. Männlichkeit im Wandel der Moderne, Frankfurt/Main 1996.

300. M. Lengwiler, Jenseits der „Schule der Männlichkeit". Hysterie in der deutschen Armee vor dem Ersten Weltkrieg, in: 294, 145–167.

301. C. Opitz, Der Bürger wird Soldat – und die Bürgerin...? Die Revolution, der Krieg und die Stellung der Frauen nach 1789, in: V. Schmidt-Linsenhoff (Hrsg.), Sklavin oder Bürgerin? Französische Revolution und neue Weiblichkeit 1760–1830, Frankfurt/Main 1989, 38–53.

302. E. Pelzer, Frauen, Kinder und Krieg in revolutionären Umbruchzeiten (1792–1815), in: D. Dahlmann (Hrsg.), Kinder und Jugendliche in Krieg und Revolution. Vom Dreißigjährigen Krieg bis zu den Kindersoldaten Afrikas, Paderborn 2000, 17–41.
303. R. Pröve, „Der Mann des Mannes". ‚Civile' Ordnungsformationen, Staatsbürgerschaft und Männlichkeit im Vormärz, in: 294, 103–120.
304. D. A. Reder, „...aus reiner Liebe für Gott, für den König und das Vaterland". Die „patriotischen Frauenvereine" in den Freiheitskriegen von 1813–1815, in: 294, 199–222.
305. D. Riesenberger, Zur Professionalisierung und Militarisierung der Schwestern vom „Roten Kreuz" vor dem Ersten Weltkrieg, in: MGM 53 (1994) 49–72.
306. J. H. Quataert, „Damen der besten und besseren Stände". „Vaterländische Frauenarbeit" in Krieg und Frieden 1864–1890, in: 294, 247–275.
307. R. Schilling, Die soziale Konstruktion heroischer Männlichkeit im 19. Jahrhundert. Das Beispiel Theodor Körner, in: 294, 121–144.
308. R. Schilling, „Kriegshelden". Deutungsmuster heroischer Männlichkeit in Deutschland 1813–1945, Paderborn 2002.
309. J. Vogel, Samariter und Schwestern. Geschlechterbilder und -beziehungen im „Deutschen Roten Kreuz" vor dem Ersten Weltkrieg, in: 294, 322–344.

4.5 Wirtschaft, Rüstung und Technik

310. K.-J. Bremm, Von der Chaussee zur Schiene. Militärstrategie und Eisenbahnen in Preußen von 1833 bis zum Feldzug von 1866, München 2005.
311. L. Burchardt, Friedenswirtschaft und Kriegsvorsorge. Deutschlands wirtschaftliche Rüstungsbestrebungen vor 1914, Boppard 1968.
312. M. v. Creveld, Technology and War. From 2000 B.C. to the Present, New York 1989.
313. H. Eichberg, Militär und Technik als historische Problemstellung. Ein methodologischer Versuch, in: U. v. Gersdorff (Hrsg.), Geschichte und Militärgeschichte. Wege der Forschung, Frankfurt/Main 1974, 233–257.
314. S. Förster, Der doppelte Militarismus. Die deutsche Heeresrüstungspolitik zwischen Status-quo-Sicherung und Aggression 1890–1913, Stuttgart 1985.

315. L. GALL, Krupp. Der Aufstieg eines Industrieimperiums, München 2000.
316. M. GEYER, Deutsche Rüstungspolitik 1860–1980, Frankfurt/Main 1984.
317. H.-D. GÖTZ, Die deutschen Militärgewehre und Maschinenpistolen 1871–1945, Stuttgart 1985.
318. B. C. HACKER, Military Institutions, Weapons and Social Change. Towards a New History of Military Technology, in: Technology and Culture 35 (1994) 768–834.
319. S. KAUFMANN, Kommunikationstechnik und Kriegführung 1815–1945. Stufen telemedialer Rüstung, München 1996.
320. L. KÖLLNER, Militär und Finanzen. Zur Finanzgeschichte und Finanzsoziologie von Militärausgaben in Deutschland, München 1982.
321. V. MOLLIN, Auf dem Weg zur Materialschlacht. Vorgeschichte und Funktionieren des Artillerie-Industrie-Komplexes im Deutschen Kaiserreich, Diss. phil. Pfaffenweiler 1986.
322. K. E. POLLMANN, Heeresverfassung und Militärkosten im preußisch-deutschen Verfassungsstaat 1860–1868, in: J. Dülffer (Hrsg.), Parlamentarische und öffentliche Kontrolle von Rüstung in Deutschland, 1700–1970, Düsseldorf 1992, 45–61.
323. D. E. SHOWALTER, Weapons and Ideas in the Prussian Army from Frederick the Great to Moltke the Elder, in: J. A. Lynn (Hrsg.), Tools of War. Instruments, Ideas and Institutions of Warfare 1445–1871, Chicago 1990, 177–210.
324. D. STORZ, Kriegsbild und Rüstung vor 1914. Europäische Landstreitkräfte vor dem Ersten Weltkrieg, Herford 1992.
325. R. WIRTGEN (Hrsg.), Das Zündnadelgewehr. Eine militärtechnische Revolution im 19. Jahrhundert, Herford 1991.
326. N. ZDROWOMYSLAW, Wirtschaft, Krise und Rüstung. Die Militärausgaben in ihrer wirtschaftlichen und wirtschaftspolitischen Bedeutung in Deutschland von der Reichsgründung bis zur Gegenwart, Bremen 1985.
327. N. ZDROWOMYSLAW/H.-J. BONTRUP, Die deutsche Rüstungsindustrie. Vom Kaiserreich bis zur Bundesrepublik. Ein Handbuch, Heilbronn 1988.

4.6 Militarisierung und Gewalt

328. D. BALD, Ein Offizier als Kritiker des preußisch-deutschen Militarismus. Alfons Falkner von Sonnenburg, in: 342, 219–234.

329. F. BECKER, Strammstehen vor der Obrigkeit? Bürgerliche Wahrnehmung der Einigungskriege und Militarismus im Deutschen Kaiserreich, in: HZ 277 (2003) 87–113.
330. F. BECKER, Synthetischer Militarismus. Die Einigungskriege und der Stellenwert des Militärischen in der deutschen Gesellschaft, in: M. Epkenhans/G. P. Groß (Hrsg.), Das Militär und der Aufbruch in die Moderne 1860 bis 1890. Armeen, Marinen und der Wandel von Politik, Gesellschaft und Wirtschaft in Europa, den USA sowie Japan, München 2003, 125–141.
331. V. R. BERGHAHN (Hrsg.), Militarismus, Köln 1975.
332. V. R. BERGHAHN, Militarismus. Die Geschichte einer internationalen Debatte, New York 1986.
333. S. FÖRSTER, Militär und Militarismus im Deutschen Kaiserreich. Versuch einer differenzierten Betrachtung, in: 342, 63–80.
334. K. HOLL, Militarismuskritik in der bürgerlichen Demokratie des Wilhelminischen Reiches. Das Beispiel Ludwig Quidde, in: 342, 115–127.
335. C. JAHR, British Prussianism. Überlegungen zu einem europäischen Militarismus im 19. und frühen 20. Jahrhundert, in: 342, 293–309.
336. U. KÄTZEL, Militarismuskritik sozialdemokratischer Politikerinnen in der Zeit des Wilhelminischen Kaiserreiches. Möglichkeiten, Grenzen und inhaltliche Positionen, in: 342, 165–189.
337. B. R. KROENER, Integrationsmilitarismus? Zur Rolle des Militärs als Instrument bürgerlicher Partizipationsbemühungen im Deutschen Reich und in Preußen im 19. Jahrhundert bis zum Ausbruch des Ersten Weltkrieges, in: P. Baumgart/B. R. Kroener/H. Stübig (Hrsg.), Die preußische Armee zwischen Ancien Régime und Reichsgründung. Studien zu ihrer Entwicklung im 18. und 19. Jahrhundert, Paderborn 2006 (im Druck).
338. B. NEFF, „Dekorationsmilitarismus“. Die sozialdemokratische Kritik eines vermeintlich nicht kriegsgemäßen Militärwesens, in: 342, 128–145.
339. M. INGENLATH, Mentale Aufrüstung. Militarisierungstendenzen in Frankreich und Deutschland vor dem Ersten Weltkrieg, Frankfurt/Main 1998.
340. D. RIESENBERGER, Katholische Militarismuskritik im Kaiserreich, in: 342, 97–114.
341. J. VOGEL, Der „Folkloremilitarismus“ und seine zeitgenössische Kritik. Deutschland und Frankreich 1871–1914, in: 342, 277–292.

342. W. Wette (Hrsg.), Militarismus in Deutschland 1871 bis 1945, Hamburg 1999.
343. E. Willems, Der preußisch-deutsche Militarismus. Ein Kulturkomplex im sozialen Wandel, Köln 1984.
344. B. Ziemann, Sozialmilitarismus und militärische Sozialisation im deutschen Kaiserreich 1870–1914. Desiderate und Perspektiven in der Revision eines Geschichtsbildes, in: GWU 53 (2002) 148–164.

4.7 Verschiedene Aspekte
345. M. v. Creveld, Die Zukunft des Krieges, München 1998.
346. J. Dülffer, Im Zeichen der Gewalt. Frieden und Krieg im 19. und 20. Jahrhundert, Köln 2003.
347. J. Dülffer/M. Kröger/R.-H. Wippich (Hrsg.), Vermiedene Kriege. Deeskalation von Konflikten der Großmächte zwischen Krimkrieg und Erstem Weltkrieg (1856–1914), München 1994.
348. A. Herberg-Rothe, Der Krieg. Geschichte und Gegenwart, Frankfurt/Main 2003.
349. B. Wegner (Hrsg.), Wie Kriege entstehen. Zum historischen Hintergrund von Staatenkonflikten, Paderborn 2000.
350. B. Wegner (Hrsg.), Wie Kriege enden. Wege aus dem Krieg von der Antike bis zur Gegenwart, Paderborn 2002.

Register

1. Personenregister

2. Ortsregister

3. Sachregister

Enzyklopädie deutscher Geschichte

Themen und Autoren

Mittelalter

Gesellschaft

Agrarwirtschaft, Agrarverfassung und ländliche Gesellschaft im Mittelalter (Werner Rösener) 1992. EdG 13
Adel, Rittertum und Ministerialität im Mittelalter (Werner Hechberger) 2004. EdG 72
Die Stadt im Mittelalter (Frank Hirschmann)
Die Armen im Mittelalter (Otto Gerhard Oexle)
Frauen- und Geschlechtergeschichte des Mittelalters (Hedwig Röckelein)
Die Juden im mittelalterlichen Reich (Michael Toch) 2. Aufl. 2003. EdG 44

Wirtschaft

Wirtschaftlicher Wandel und Wirtschaftspolitik im Mittelalter (Michael Rothmann)

Kultur, Alltag, Mentalitäten

Wissen als soziales System im Frühen und Hochmittelalter (Johannes Fried)
Die geistige Kultur im späteren Mittelalter (Johannes Helmrath)
Die ritterlich-höfische Kultur des Mittelalters (Werner Paravicini) 2. Aufl. 1999. EdG 32

Religion und Kirche

Die mittelalterliche Kirche (Michael Borgolte) 2. Aufl. 2004. EdG 17
Mönchtum und religiöse Bewegungen im Mittelalter (Gert Melville)
Grundformen der Frömmigkeit im Mittelalter (Arnold Angenendt) 2. Aufl. 2004. EdG 68

Politik, Staat, Verfassung

Die Germanen (Walter Pohl) 2. Aufl. 2004. EDG 57
Die Slawen in der deutschen Geschichte des Mittelalters (Thomas Wünsch)
Das römische Erbe und das Merowingerreich (Reinhold Kaiser) 3., überarb. u. erw. Aufl. 2004. EdG 26
Das Karolingerreich (Klaus Zechiel-Eckes)
Die Entstehung des Deutschen Reiches (Joachim Ehlers) 2. Aufl. 1998. EdG 31
Königtum und Königsherrschaft im 10. und 11. Jahrhundert (Egon Boshof) 2. Aufl. 1997. EdG 27
Der Investiturstreit (Wilfried Hartmann) 2. Aufl. 1996. EdG 21
König und Fürsten, Kaiser und Papst nach dem Wormser Konkordat (Bernhard Schimmelpfennig) 1996. EdG 37
Deutschland und seine Nachbarn 1200–1500 (Dieter Berg) 1996. EdG 40
Die kirchliche Krise des Spätmittelalters (Heribert Müller)
König, Reich und Reichsreform im Spätmittelalter (Karl-Friedrich Krieger) 2. Aufl. 2005. EdG 14
Fürstliche Herrschaft und Territorien im späten Mittelalter (Ernst Schubert) 1996. EdG 35

Frühe Neuzeit

Gesellschaft

Bevölkerungsgeschichte und historische Demographie 1500–1800 (Christian Pfister) 1994. EdG 28
Umweltgeschichte der Frühen Neuzeit (Reinhold Reith)

Bauern zwischen Bauernkrieg und Dreißigjährigem Krieg (André Holenstein) 1996. EdG 38
Bauern 1648–1806 (Werner Troßbach) 1992. EdG 19
Adel in der Frühen Neuzeit (Rudolf Endres) 1993. EdG 18
Der Fürstenhof in der Frühen Neuzeit (Rainer A. Müller) 2. Aufl. 2004. EdG 33
Die Stadt in der Frühen Neuzeit (Heinz Schilling) 2. Aufl. 2004. EdG 24
Armut, Unterschichten, Randgruppen in der Frühen Neuzeit (Wolfgang von Hippel) 1995. EdG 34
Unruhen in der ständischen Gesellschaft 1300–1800 (Peter Blickle) 1988. EdG 1
Frauen- und Geschlechtergeschichte 1500–1800 (Heide Wunder)
Die Juden in Deutschland vom 16. bis zum Ende des 18. Jahrhunderts (J. Friedrich Battenberg) 2001. EdG 60

Wirtschaft

Die deutsche Wirtschaft im 16. Jahrhundert (Franz Mathis) 1992. EdG 11
Die Entwicklung der Wirtschaft im Zeitalter des Merkantilismus 1620–1800 (Rainer Gömmel) 1998. EdG 46
Landwirtschaft in der Frühen Neuzeit (Walter Achilles) 1991. EdG 10
Gewerbe in der Frühen Neuzeit (Wilfried Reininghaus) 1990. EdG 3
Kommunikation, Handel, Geld und Banken in der Frühen Neuzeit (Michael North) 2000. EdG 59

Kultur, Alltag, Mentalitäten

Renaissance und Humanismus (Ulrich Muhlack)
Medien in der Frühen Neuzeit (Stephan Füssel)
Bildung und Wissenschaft vom 15. bis zum 17. Jahrhundert (Notker Hammerstein) 2003. EdG 64
Bildung und Wissenschaft in der Frühen Neuzeit 1650–1800 (Anton Schindling) 2. Aufl. 1999. EdG 30
Die Aufklärung (Winfried Müller) 2002. EdG 61
Lebenswelt und Kultur des Bürgertums in der Frühen Neuzeit (Bernd Roeck) 1991. EdG 9
Lebenswelt und Kultur der unterständischen Schichten in der Frühen Neuzeit (Robert von Friedeburg) 2002. EdG 62

Religion und Kirche

Die Reformation. Voraussetzungen und Durchsetzung (Olaf Mörke) 2005. EdG 74
Konfessionalisierung im 16. Jahrhundert (Heinrich Richard Schmidt) 1992. EdG 12
Kirche, Staat und Gesellschaft im 17. und 18. Jahrhundert (Michael Maurer) 1999. EdG 51
Religiöse Bewegungen in der Frühen Neuzeit (Hans-Jürgen Goertz) 1993. EdG 20

Politik, Staat und Verfassung

Das Reich in der Frühen Neuzeit (Helmut Neuhaus) 2. Aufl. 2003. EdG 42
Landesherrschaft, Territorien und Staat in der Frühen Neuzeit (Joachim Bahlcke)
Die Landständische Verfassung (Kersten Krüger) 2003. EdG 67
Vom aufgeklärten Reformstaat zum bürokratischen Staatsabsolutismus (Walter Demel) 1993. EdG 23
Militärgeschichte des späten Mittelalters und der Frühen Neuzeit (Bernhard Kroener)

Staatensystem, internationale Beziehungen

Das Reich im Kampf um die Hegemonie in Europa 1521–1648 (Alfred Kohler) 1990. EdG 6
Altes Reich und europäische Staatenwelt 1648–1806 (Heinz Duchhardt) 1990. EdG 4

19. und 20. Jahrhundert

Gesellschaft

Bevölkerungsgeschichte und Historische Demographie 1800–2000 (Josef Ehmer) 2004. EdG 71
Migrationen im 19. und 20. Jahrhundert (Jochen Oltmer)
Umweltgeschichte des 19. und 20. Jahrhunderts (Frank Uekötter)
Adel im 19. und 20. Jahrhundert (Heinz Reif) 1999. EdG 55
Geschichte der Familie im 19. und 20. Jahrhundert (Andreas Gestrich) 1998. EdG 50
Urbanisierung im 19. und 20. Jahrhundert (Klaus Tenfelde)
Von der ständischen zur bürgerlichen Gesellschaft (Lothar Gall) 1993. EdG 25
Die Angestellten seit dem 19. Jahrhundert (Günter Schulz) 2000. EdG 54
Die Arbeiterschaft im 19. und 20. Jahrhundert (Gerhard Schildt) 1996. EdG 36
Frauen- und Geschlechtergeschichte im 19. und 20. Jahrhundert (Karen Hagemann)
Die Juden in Deutschland 1780–1918 (Shulamit Volkov) 2. Aufl. 2000. EdG 16
Die Juden in Deutschland 1914–1945 (Moshe Zimmermann) 1997. EdG 43

Wirtschaft

Die Industrielle Revolution in Deutschland (Hans-Werner Hahn) 2. Aufl. 2005. EdG 49
Die deutsche Wirtschaft im 20. Jahrhundert (Wilfried Feldenkirchen) 1998. EdG 47
Agrarwirtschaft und ländliche Gesellschaft im 19. Jahrhundert (Stefan Brakensiek)
Agrarwirtschaft und ländliche Gesellschaft im 20. Jahrhundert (Ulrich Kluge) 2005. EdG 73
Gewerbe und Industrie im 19. und 20. Jahrhundert (Toni Pierenkemper) 1994. EdG 29
Handel und Verkehr im 19. Jahrhundert (Karl Heinrich Kaufhold)
Handel und Verkehr im 20. Jahrhundert (Christopher Kopper) 2002. EdG 63
Banken und Versicherungen im 19. und 20. Jahrhundert (Eckhard Wandel) 1998. EdG 45
Unternehmensgeschichte im 19. und 20. Jahrhundert (Werner Plumpe)
Staat und Wirtschaft im 19. Jahrhundert (Rudolf Boch) 2004. EdG 70
Staat und Wirtschaft im 20. Jahrhundert (Gerold Ambrosius) 1990. EdG 7

Kultur, Alltag und Mentalitäten

Kultur, Bildung und Wissenschaft im 19. Jahrhundert (Hans-Christof Kraus)
Kultur, Bildung und Wissenschaft im 20. Jahrhundert (Frank-Lothar Kroll) 2003. EdG 65
Lebenswelt und Kultur des Bürgertums im 19. und 20. Jahrhundert (Andreas Schulz) 2005. EdG 75
Lebenswelt und Kultur der unterbürgerlichen Schichten im 19. und 20. Jahrhundert (Wolfgang Kaschuba) 1990. EdG 5

Religion und Kirche

Formen der Frömmigkeit in einer sich säkularisierenden Gesellschaft (Karl Egon Lönne)
Kirche, Politik und Gesellschaft im 19. Jahrhundert (Gerhard Besier) 1998. EdG 48

Kirche, Politik und Gesellschaft im 20. Jahrhundert (Gerhard Besier) 2000. EdG 56

Politik, Staat, Verfassung

Der Deutsche Bund und das politische System der Restauration 1815–1866 (Jürgen Müller)

Verfassungsstaat und Nationsbildung 1815–1871 (Elisabeth Fehrenbach) 1992. EdG 22

Politik im deutschen Kaiserreich (Hans-Peter Ullmann) 2. Aufl. 2005. EdG 52

Die Weimarer Republik. Politik und Gesellschaft (Andreas Wirsching) 2000. EdG 58

Nationalsozialistische Herrschaft (Ulrich von Hehl) 2. Auflage 2001. EdG 39

Die Bundesrepublik Deutschland. Verfassung, Parlament und Parteien (Adolf M. Birke) 1996. EdG 41

Militär, Staat und Gesellschaft im 19. Jahrhundert (Ralf Pröve) 2006. EDG 77

Militär, Staat und Gesellschaft im 20. Jahrhundert (Bernhard R. Kroener)

Die Sozialgeschichte der Bundesrepublik Deutschland (Axel Schildt)

Die Sozialgeschichte der DDR (Arnd Bauerkämper) 2005. EDG 76

Die Innenpolitik der DDR (Günther Heydemann) 2003. EdG 66

Staatensystem, internationale Beziehungen

Die deutsche Frage und das europäische Staatensystem 1815–1871 (Anselm Doering-Manteuffel) 2. Aufl. 2001. EdG 15

Deutsche Außenpolitik 1871–1918 (Klaus Hildebrand) 2. Aufl. 1994. EdG 2

Die Außenpolitik der Weimarer Republik (Gottfried Niedhart) 1999. EdG 53

Die Außenpolitik des Dritten Reiches (Marie-Luise Recker) 1990. EdG 8

Die Außenpolitik der BRD (Ulrich Lappenküper)

Die Außenpolitik der DDR (Joachim Scholtyseck) 2003. EDG 69

Hervorgehobene Titel sind bereits erschienen.

Stand: (Oktober 2005)

www.ingramcontent.com/pod-product-compliance
Lightning Source LLC
Chambersburg PA
CBHW070924150426
42812CB00049B/1480
* 9 7 8 3 4 8 6 5 7 6 3 4 4 *